U0903886

沅水边上的瓦乡人

湖南沅陵瓦乡杨溪村民族志

周大鸣　著

民族出版社

目　录

绪　论

对湘西、对沅水流域的研究，一直是笔者的兴趣点。对于湘西的风土人情，笔者是从沈从文先生的《长河》《边城》中了解到的。1984 年，笔者的第一次田野调查就选择了湘西，那年暑假去了湘西土家族苗族自治州的首府吉首。在吉首拜访几位校友后，经他们介绍，去了凤凰县的凤凰城、腊尔山，花垣县的矮寨，大庸县的张家界。那时的交通不太方便，坐班车从一个县城到另一个县城往往需要一天的时间。最后到常德，想领略一下洞庭湖的风光，就选择了乘船到长沙。可惜的是，经过洞庭湖时在夜晚，除了涛声并没有看到洞庭湖的浩瀚。2012 年，笔者选择了花垣县的边城镇（茶峒）带学生做了一个月的田野调查。[①] 这里是重庆、贵州和湖南的交界地，是名副其实的“边城”，距离每个省（市）的行政中心都在 300 千米以上。第二年暑假又带队去通道侗族自治县独坡乡上岩寨调查，那是广西、贵州和湖南交界的地方，最有名的是三省坡，被侗族人誉为圣山。[②] 2020 年 9 月，用一个星期做了一次沅水流域考察，在经沅陵县时，热心的张春文先生给我们做导游，带领我们参观了龙兴寺、古码头等地，还到了他的家乡杨溪村，并热心地邀请笔者再次到杨溪村考察。因为中山大学人类学系每年暑期有带学生田野调查训练的课程，尽管当时情况特殊，学院还是坚持，于是就有了 2021 年的这次田野调查。

① 周大鸣、程瑜：《边城民族志：一个湘渝黔边界的集镇调查》，广州，中山大学出版社，2018。

② 周大鸣、余成普：《行政的边缘，文化的中心：湖南通道上岩坪寨田野调查报告》，北京，民族出版社，2014。

笔者对沅江流域的研究，与长期以来对珠三角移民与城市化研究、珠江流域研究、南岭走廊研究息息相关。按照计划，笔者还想对湘江、资江流域进行考察，试图通过该流域把南岭地区连接起来，了解南北文化的交往和族群的互动。在其中，笔者认为沅江流域的研究至少有如下几点意义。

一、西南要道：沅水流域的过往与意义

沅水自贵州发源，经湖南最终汇入长江。自秦代以来，沅水就是前往西南的要道，一般由洞庭湖溯沅水而上至贵州镇远，沿驿道向西穿过贵州中部进入云南。因此，沅水流域在中国古代中原与西南文化交流中扮演着关键角色，在龙山县里耶镇曾出土 3.6 万枚秦代简牍，内容包括政令、各级官府之间的往来公文、司法文书、吏员簿等，足以见证沅水流域对于中国历史、政治的意义。沅水是我国重要的物资交流通道，经沅水流域而上进入贵州境内的支流被称为清水江，在很长一段时间里，贵州地区都需要依赖由这一通道获得生产于江淮地区的淮盐，以维持当地人的生存需求。因而一旦沅水的货物流通被阻断，贵州的盐政就会出现一定的问题。同时，在来自长江中下游的十八帮水客和来自本地的山客的竞争与合作中，清水江流域成为明清中央王朝最重要的木材产地之一，历经数百甚至上千年方可成材的大木，通过这一通道北运，最终成为北京故宫宏伟建筑的一部分。

而在清中期之后，随着工业革命进程的推进，桐油成为一种重要的工业用油，以桐油产销名震于世的洪江古镇，通过沅江将一批批桐油顺流而下发往汉口与镇江，分销境内与海外，成为地方与世界的经贸桥梁。沅水流域的商业体系与商人队伍，也借此突破了长江流域一隅，成为整个国际市场循环中的一员，使得沅水流域不仅在古代中国市场本系中凸显出重要位置，也在世界市场体系中获得了一席之地。处在沅水流域中上游的辰州（今怀化北部沅陵等地），伴

随着中原与西南地区的物质、文化交流，成为中国历史上构建统一的全国大市场、完成国内大循环的重要结构支点，有效地促进了中原与西南地区各族群的交往交流交融。

一方面，以沅水为贸易通道的国内大循环促进了各民族的交往交流交融，为中华民族共同体的形成提供了物质基础与交流平台。另一方面，历史上以江上航运为文化桥梁的族群流动，使得中原与西南地区的交流日益频繁，最终促成了当地各民族交往交流交融的流域文化。在这个意义上，沅水流域的影响是全国性的。它经由长江流域通过大运河沟通黄河流域，而由沅江溯渠水而上，过通道进入广西，则是沟通长江—黄河流域与珠江流域的一条重要孔道，这条孔道不仅沟通了中国最主要的三条江河的文化，也将中国西南与华南丘陵的山地文化交融在一起，是中华文明的重要主源之一。

二、流域变迁：沅水研究的当代价值

流域研究是我国人类学民族学领域最近兴起的一个重要研究范式，流域研究的目的是打通过去小的社区研究，打破行政区划的研究，打破单一民族的研究，由此能够从一个流域去看另一个区域。一般来说，流域的研究主要从流域与城镇化、流域与商业、流域与旅游业、流域与族群、流域与语言、流域与文化习俗、流域与信仰等方面展开。因而，本书的研究也希望由这些角度分别观察。

流域并不是一成不变的，以沅水流域为代表。首先，水电站的修建，使得今天我们所看到的沅江两岸，与古时候的河岸线发生了巨大变化，比如过去所讲的险滩，现在看不到了，而险滩之处大多需要拉纤通过，因而过去拉纤的地方如今大多已不复存在。其次，由于水电站的修建，沅水流域中上游的通航能力基本丧失了，与之伴随的便是航运业的衰落。航运业衰落最直接的结果便是码头的衰落，比如过去沅水流域极其重要的陬市码头已经变得人烟稀少，在过去，码头是流域上经济最发达的地方。伴随着航运业与渔业政策的变化，水上居民上岸定居，沅水流域的江上盛况不再。

从沅水流域的研究中，我们可以很直接地看到生计方式的变化所导致的各种变化。过去的经济模式需要木材作为重要的建筑材料，进入工业化后，桐油在造船、机械等方面的重要作用使得沅水流域一度成为世界关注的焦点，这些山地出产的大宗商品，曾经深刻地影响了世界的发展。然而，随着现代建筑材料与建筑方式的转变以及石油化工行业的迅速发展，木材与桐油的经济价值与地位都大不如前，沅水流域的重要性因而逐渐不复从前。

现代交通的发展使得内河航运逐渐式微，公路和铁路交通的兴起以及道路的改变，致使新的城镇的兴起和旧的城镇的衰落。怀化和黔阳便是一对非常典型的例子，过去黔阳是黔阳专区所在地，如今成为一座普通县城，在此我们可以看到铁路等交通方式对于河流的替代，导致的行政中心的变化。因此，总的来说，沅江流域的城市是处于衰落的过程中的。同时，我们可以明显地看到行政区划的变化所导致的经济发展的差异，沅水流域湖南境内的湘西土家族苗族自治州、怀化市以及常德市，经济发展与社会发展之间的差异非常之大，这与行政区划的设立和调整有很大的关系，它所带来的影响是值得研究的。交通过去是串联的，都是从县城到小镇以至农村，所以在经济欠发达地区，目前依然还保持着过去串联的方式。然而随着现代交通的发达与城市化的推进，小镇甚至县城日渐式微，因而将交通与行政区划放在一起研究，是很有必要的。在这里不应该只观察水路，陆路与水路的配套是很重要的，尤其是茶马古道与码头之间的连接。在陆路跟水路相连接的情况下，人们一般会选择水路，水路在过去运输量大、成本最低，所以两河交汇处一般都会形成一个码头，因为一方面是为了方便停泊，另一方面随着水量的增加河面与水深的扩展，也利于在此处将小排变成大排，把小船换成大船。因为在小河里航行只能用小船，来到沅水后水面和水深都有了很大的变化，特别是到了沅陵一带，就可以走宽阔的水路了。放排也同理，清水江的木材从小排开始往下游放，它顺着水往下游流，在一些关键的位置被收集起来，到水面宽的地方就扎成更大的木排。然后到了黔阳、洪江，就可以扎成直航汉口的大排。大木排多数时候比一个篮球场还大，放排的人还在排上搭一个小屋子，几个球场大的木排只需要几个人就可把它放下来。所以，在沿岸就有很多木排工的故事、传说。

在这里，码头与码头之间的关系在过去是很紧张的，这种紧张来自激烈的竞争。比如洪江与黔阳（相距 20 千米），如今由于水库的修建需要绕道通行，但其实它们在河道上的距离非常近，洪江与黔阳在历史上就存在激烈的地方竞争，还因为地区更名问题引发过很大的风波。如今，这两个地方都希望开发旅游，但洪江没有成为新的政治中心，所以它的老城保存得比较完好，成为很有价值的旅游资源，但黔阳保存得就不尽如人意，它是一个行政中心，曾为县城，很多单位把大院改造了，相对来说保护得不是很好，当然航运业的衰落，也是其中一个重要的原因。码头与码头之间的关系，在张应强写清水江木材贸易的书中有很好的体现，书中的核心矛盾便是“当江”的权力是怎么样划分的，这种斗争在过去是比较复杂的。因此不同的码头其实与不同的族群之间关系很密切，该地区的几个码头基本上可以算是移民文化。移民文化不仅涉及移民内部的关系，还有不同码头的人群跟周边的人群之间的关系，即码头之内的人与之外的人的关系。在浦市的地图中，这一情况表现得非常明显。浦市有不同的民间信仰，很可惜，浦市没有保存下来。另一个比较具有代表性的例子是黔王宫，黔王宫是由贵州传过来的，在辰溪的黄溪口镇，我们调研时遇见当地人，被问到是否是贵州来的。可见，过去这里与贵州的交流应该是比较多的。

沅水流域与其他地区的交流问题，可以从语言上充分地显示出来。从《中国语言地图集》中的语言地图来看，在整个湖南省四条长江主要支流的流域方言分布上，靠近江西边界的人群以讲赣方言为主，而湘江流域以湘方言为主，资江流域也是湘方言，只有沅水流域有很大一片区域使用西南官话。因此我们可以很自然地下一个判断，相较于湖南的政治中心，沅水流域与讲西南官话为主的贵州的沟通与交流应该更多。与人群相关的除了语言外，最重要的应该是信仰。在沅水流域各地的县志、府志中，都可以查到一些本地的信仰，比较有代表性的对伏波将军马援的信仰，由于五代马楚的经营，它已成为这一流域中极具代表性的信仰之一。在这里我们应该想到一个很关键的问题，即沅水流域的各个码头既然是移民社会，那么他们又是怎样协调不同的信仰的呢？比如浦市，有记载的移民群体就有十八帮之多，我们相信，“十八”这个数字是一个虚数，只是用来形容多，现实中或许还要更多，这从浦市的古地图中数十座不同的庙宇和会馆中便可一窥端倪。而在洪江，唱戏是一种竞争方式的转化，以辰河高腔为代表的48种剧，可以很鲜明地体现出这一竞争的激烈，因为演戏是文斗，文斗总比武斗好一些。这背后有很大的可能是移民之间的斗争，不同的移民群体通过演戏把争斗表现出来。一个码头里的族群关系是非常复杂的，但是各个码头既有竞争也有合作统一。因此，从沅水流域的信仰中，我们或许可以分析哪些是本流域独有的，哪些是哪个区域的移民带来后与本地结合推陈出新的，这是一个很有趣的话题。

三、田野调查点介绍

本次选择沅江流经最长的沅陵县盘古乡杨溪村为调查点。沅陵县隶属于怀化市，地处怀化市北端，沅水中游，总面积5852平方千米，常住人口为510054人。①

① 沅陵县人民政府:《沅陵县第七次全国人口普查公报（第一号）》，2021年7月16日，www.yuanling.gov.cn。

（一）盘古乡简介

盘古乡位于沅陵县西南部，由原来的丑溪口和舒溪口两乡于 2005 年合并而成，距沅陵县城和泸溪县城均 20 千米，北与太常乡接壤，东、南与麻溪铺镇、筲箕湾镇相连，西与泸溪县毗邻。其乡因境内的盘古洞而得名，现辖 16 个行政村 185 个村民小组，2 万余人，乡域总面积 16661.43 公顷，山地面积占 80%，森林覆盖率 63%。境内有苗族、土家族、汉族、瑶族、白族、维吾尔族，姓氏以姜、宋、向、刘、张姓人口为多。

盘古乡有三大特点：①移民大乡。沅江贯穿全境，其中涉及 15 个村 1.5 万余人，是全县移民人口最多的乡镇。②资源大乡。水资源丰富，沅江贯穿全境 30 千米，共有大小溪流 26 条，大型水库 5 座，骨干山塘 44 座。山林资源丰富，全乡共有耕地 16.8 万余亩，其中公益林 12.7 万余亩，退耕还林、天保林近 2 万亩，生态环境十分优美。文化多样，乡内瓦乡语、盘古洞、古长城、古驿站等文化资源较多。③边贸大乡。该乡与泸溪县武溪镇接壤，最近村离泸溪县老县城不到 5 千米，经济、风俗、人情交往十分频繁，全乡共有 3000 余人常住武溪镇，其务工、就学均在武溪镇，带动乡内的蔬菜、瓜果等农产品均直销到泸溪。

（二）杨溪村简介

杨溪村位于沅陵县盘古乡北部，为脱贫村，西北与董家坪村隔江相望，东北接盘古村，东邻麻溪铺镇，南与瓦乡春茶园、筲箕湾镇三眼桥村接壤，西南和野柘村、舒溪口村相依，距县城 48 千米，属亚热带季风湿润气候，地处全省降雨中心西侧，年均降雨量 1441 毫米。杨溪村下设瞿家组、陈家组、龚曹组、姜胡组、易家组、冷水溪组 6 个村民小组，共 321 户 1380 人，有张、易、陈、龚、曹、胡、姜、瞿、杨、田、石、向等姓氏居民。劳动力 480 人（长期外出务工人员 350 人，其中脱贫户外出务工 135 人），原建档立卡贫困户 98 户 396 人已经全部脱贫。全村低保户 42 户 93 人，五保户 8 人，残疾人 48 人，易地扶贫搬迁 14 户 62 人，新进监测户 2 户 11 人。全村林地面积 8213.1 亩，退耕还林面积 589.1 亩，生态林面积 7624 亩。森林资源丰富，覆盖率达 78%。

杨溪村历来是我国东中部与西南部重要的交通节点，是我国古代中央朝廷至贵州、云南等西南地区官马大道的必经之地，朝廷在此设有驿站，叫杨溪驿。它既是陆驿，又具有水驿功能，是官马驿站，也是茶马驿站，从该驿站出发的古驿道，上到船溪驿，下至辰阳驿。因区位上的优势，杨溪村历史上形成了三大巷子、三大码头的集镇盛况，那些木商水运古码头古驿道遗迹向人们昭示着杨溪村往昔水运物流、商品贸易的繁荣。杨溪村属湖南省瓦乡文化的核心区，村民所操语言具有独特的语词、语音、语调，有专家考证，认定为古汉语的地方遗存形式，但其真正来源还是个谜。

随着精准扶贫和乡村振兴战略的实施，杨溪村发生了很大的变化。一是完善了基础设施建设。杨溪村多方争取资金投入 300 万元修建了杨溪大桥，50 万元用于集镇改造，畅通了舒溪口村和杨溪村之间 4.8 千米的连村路，村集体投入 46 万元修建了杨溪大酒店，使该村成为盘古乡第一个拥有酒店的行政村。二是试行种植业新模式助发展。在坚持水稻、玉米、油菜等种植业的基础上，近几年，水果种植专业合作社，在红土岭试行“基地 + 农户”的经营模式，投资 56 万元建立了 130 户 490 人参与的种养一体化产业园。种植贡柚 110 亩、葡萄 38 亩、蓝莓 90 亩等名优品种，2018 年开始挂果，2019 年已见成效。三是养殖业稳中求促发展。扶持发展生态养鱼，实施“水上小康”工程，库汊水产养殖 207 亩，经营销售模式合理，主要是个体捕捞、集市销售，效益可观。四是因地制宜科学规划谋发展。目前正在积极探索村级产业聚集式规模化、产业化发展，村集体已投入光伏项目 20 万元，每年收益 3 万元，同时申报种植黄柏、油茶共计 1100 亩，未来将与周边农场、村联合开发。具体为：与相邻的瓦乡春生态茶园联合，扩建茶与蜜蜂复合种养的生态茶园；联合邻近的野柘村、舒溪村种植车厘子、蓝莓、葡萄、猕猴桃等优质水果，已形成占地1000亩的果园规模，开始挂果收益。

四、水边瓦乡：杨溪村田野调查的意义

沅水流域有着复杂的地理生态环境，在历史上“西南”与“中原”持续不断的社会文化互动中，该地区的族群文化呈现出多元、混杂和融合特征。《辰州风土记》载：“大抵辰当沅、靖诸蛮咽喉出没之地，内可以控诸蛮，而外为武陵障蔽。”又：“辰、沅、靖三州之地，多接溪峒，其居内地者谓之省民，熟户、山瑶、峒丁乃居外为捍蔽。”可见宋元时期，沅水沿岸的官府据点作为“内与外”“蛮与非蛮”边界的角色。当地的世居人群主要由使用苗瑶语族、藏缅语族和壮侗语族等语言的族群构成。明初开始，中原王朝通过里甲、卫所和土司制度，对沅江沿岸的地方社会进行渗透与扩张。明清以来，随着军屯和商贸移民等汉人群体的进入，他们在与当地少数民族接触和融合中形成了杂居多元的族群群体，瓦乡人就是其中之一。[①]

语言是瓦乡人族群身份的核心标识。瓦乡人得名于群体内部使用的“乡话”，他们称讲乡话叫做“讲乡”或“话乡”。在《中国语言地图集》中，“乡话”被归属为汉语方言中未分区的非官话方言，使用人口数超40万。2010年联合国教科文组织将瓦乡话纳入《世界濒危语言地图》。乡话区以沅陵县西南部为中心，呈弓形分布，具体有怀化市的沅陵县、辰溪县、溆浦县，湘西土家族苗族自治州的泸溪县、古丈县、保靖县、永顺县，以及张家界市的少许地区。周围被汉语西南官话湖广片湘西小片、湘语辰溆片和苗语湘西方言以及土家语所包围。本书调研的沅陵县作为瓦乡人聚居的核心区，曾是湘西及西南地区的政治、经济和文化中心，区域内商贸往来频繁，移民历史长久，族群身份复杂。

① 鲍厚星、颜森：《湖南方言的分区》，载《方言》，1986（4）。

沅陵乡话人群称西南官话为客话，日常生活乡、客语言混用。沅陵县日常使用四类方言“西南官话”“乡话”“死客子”和“蝴蟆闹”。在地域上，官话主要在沅陵镇流行；乡话分布于西南区域，包括麻溪铺镇、筲箕湾镇、丑溪口乡、舒溪口乡；“死客子”在东南、北部区域频繁使用，具体有凉水井镇、张家坪乡、渭溪乡等；“蝴蟆闹”在明溪流域、借母溪乡、深溪口乡等地使用。语言使用的态度反映出社会交往的网络与不同人群的境遇。“对内说乡，对外说客”是瓦乡人日常交流的态度，两套语言结构表现出不同人群的价值观念与情感体验。清代以来，沅西流域商贸往来繁荣，乡话人群以驾盐船为业，随着贸易流动栖居外地多年，仍重视保存自身语言，其子孙犹能操乡话。[①] 如今很多村民外出务工，长时间背井离乡，回到家乡和邻里乡亲只要说起乡话就能唤起强烈的情感认同。语言接触是族群间交往交流交融的具体体现。瓦乡人在与其他族群语言接触与共享过程中出现了转用、借用和混用等现象，造成了乡话层次斑驳、离散性强的特点。

瓦乡文化呈现出多元交融的鲜明特质。一方面，跳香等仪式保存着苗瑶族群的信仰元素，瓦乡人聚居区流传着盘瓠神话，五月划龙舟是为祭祀盘瓠，一些村落以跳香仪式祭祀与盘瓠成婚的帝女辛女娘娘。另一方面，宗族制度、节庆习俗等带有汉文化特征。杨溪村的民间信仰以伏波神崇拜为主，祭拜对象是东汉时期岭南将领马援将军，相传在镇压湘西五溪蛮起义的过程中不幸在沅水流域去世。杨溪村的伏波宫供奉的神像还有财神，村民认为财神不仅仅管财，还可以带来平安。以传统民居建筑为例，瓦乡人对方位的感知与空间安排吸纳和融合了其他族群的风俗习惯。同治《溆浦县志》记载：“瑶俗墙垣内设大榻，高约两米，左右各一，中置火炉炊。坐卧其上，男女无别，客民宿其家就西榻，主人就东榻。虽严冬，寝不覆被，惟向火而已。”而瓦乡人不仅接纳了火床风俗，还对其位置的分类更加细致，火床神位方为“当头”，一般是老人和贵客

① 沅陵县地方志编纂委员会:《沅陵县志》，91 页，1999。

的座位；当头右侧是上把位，左侧是下把位，上把位的左边一般是远客、年纪稍长的人的座位，右边是年轻男子或中年妇女的位置；下把位的右边一般是主人家的座位，左边是年轻女子或媳妇的位置。

本书所调查的杨溪村有“瓦乡文化核心村”之称，在语言、信仰、习俗等方方面面仍然带有明显的族群特征。从杨溪村的发展进程，可以看到瓦乡人曾在历史长河中对不同文明要素进行创造性整合，又在现代化发展的过程中动态调整生计和生活方式以适应生态和社会文化环境的变化。

2021 年 7 月，经沅陵县人民政府和杨溪村村民委员会的邀请，笔者带领中山大学社会学与人类学学院人类学专业 2018、2019 级暑期田野调查队，来到杨溪村开展了为期一个月的田野调查，此次调查的内容形成了本书的主要部分。中山大学人类系本科生郝静玥、林长江、李萌、任璐涵、王娇、潘大恩、索娜拉姆、朱美倩、陈若晖，硕士生邓雨扬、王焕午、梁心铭，博士生刘重麟、肖明远按照各自分工，完成了调查报告，对本书的写作亦有贡献。

选择杨溪村作为本书的调查点主要出于四个方面的考虑：其一，沅水流域是一个多族群、多文化、多生计方式并存的地区，具有非常珍贵的调查价值，符合人类学研究中所强调的在“他者”的文化中理解人类活动的研究取向；其二，杨溪村的村民主要是自称为“瓦乡人”的特殊群体，这一族群在中国人类学与民族学史上是一个非常著名的族群，他们拥有一种特殊的方言与强烈的自我认同，他们的过去与现在，是我们需要密切关注的；其三，杨溪村是一个水库移民后靠安置村，由于水库修建淹没了老村，他们的经济生活比较困难，是最后一批脱贫的贫困村，研究杨溪村的情况，可以更好地理解中国在脱贫攻坚与乡村振兴事业上所取得的成就与面临的挑战；其四，可以从瓦乡人的形成和迁移来看西南人群的分布、民族的交融和中华民族的形成。

本书从历史人类学的角度出发，从村落社会组织、村落基础设施、村落生计方式以及村落的生态文化、科技下乡、互联网实践等方面，对杨溪村做了整体性考察。目前，从一个村落入手对流域的整体性讨论还比较缺乏，希望我们的研究可以为沅水流域的发展发挥一定作用。我们相信，居住在水边的可敬的瓦乡人，一定能够拥有更为美好的生活。同时，也希望有更多的研究者更好地了解瓦乡人这一具有独特魅力的人群。

第一章　杨溪村社会组织

社会组织作为社会联系和整合的重要部分，在对“瓦乡人”的整体认识中是一个不可或缺的部分。关于什么是组织，不同的学者有着不同的定义。弗雷德认为：“政治组织和社会组织具有某种共通性：政治组织包括社会组织中的某些特殊部分，这部分和能够处理公共政策事务的个人或群体息息相关，或者与寻求控制这些个人或群体的要约或活动的个人或群体相关。”[①] 巴纳德的定义是：“正式组织是一种人与人之间有意识、经过协商和有目的的协作系统。”[②] 综上，我们可以总结组织有两个明显的特征：“组织是具有相对具体目标追求的集体；组织还是一种相对而言高度正式化的集体。”[③] 农村的社会组织主要有三种，即基层治理组织、生产组织、民间组织。这三种组织类型都在不同程度上起到社会整合的作用，社会组织的促进、整合、协调、监督功能也在互动中得以展现。

① 转引自周大鸣、程瑜：《边城民族志——一个湘渝黔边界的集镇调查》，98 页，广州，中山大学出版社，2018。

② 转引自周大鸣、程瑜：《边城民族志——一个湘渝黔边界的集镇调查》，98 页，广州，中山大学出版社，2018。

③ 转引自周大鸣、程瑜：《边城民族志——一个湘渝黔边界的集镇调查》，98 页，广州，中山大学出版社，2018。

一、基层治理组织

杨溪村由以前的杨溪口村和曹中坪村合并而来，目前杨溪村有六个村民小组，分别是瞿学组、冷水溪、陈家组、易家组、龚曹组、姜胡组。

杨溪村的基层治理组织主要包括村党支部和村民委员会。

杨溪村的基层治理组织建设经历了很长的时间，表 1-1 至表 1-4 是不同时期的基本情况。

表 1–1　改革开放之前杨溪村的领导成员及其职责分工

职务	分管工作
支部书记	负责大队党建，管理大队所有事务
大队长	负责大队生产工作，相当于现在的村委会主任
生产队队长	负责生产队的生产工作，相当于现在的组长
大队会计	负责大队的账务，收集生产队会计的资料，进行核对
生产队会计	负责生产队的账务，汇总工分和队里的粮食分配（按工分分配）
记工员	具体负责记村里每一个人的工分，并且报给村里的会计

表 1–2　改革开放初期杨溪村的领导成员及其职责分工

职务	分管工作
支部书记	主持村内全面工作
村委会主任	负责村内事务与生产
村支委（3 人）	负责村内党建工作
村委（3 人）	负责村内具体事务，包括日常工作和政策实施
妇女主任（妇女专干）	计划生育，结婚开证明，外嫁女登记等
村协调主任	负责协调工作，村内矛盾纠纷由其调解
村会计	负责村内收支、人口统计等
村民兵营长	训练民兵，负责征兵、政治教育、维护社会治安等

表 1-3　2017 年后杨溪村领导成员及其职责分工变化

增加的干部	分管工作
第一书记	外派驻村书记，负责村内产业、组织建设，实施国家乡村振兴战略
辅警	综合治理，应急管理，安全生产，信访维稳
产业专干	主抓村集体产业发展
护林员	生态保护，保护森林
减少的干部	分管工作
村委会主任	负责村内事务，负责生产
村协调主任	负责协调工作，村里有打架、扯皮的，有纠纷的，由村调解主任解决

表 1-4　目前杨溪村领导村内职责分工

姓名	职务	分管工作
A	第一书记	外派驻村书记，负责村内产业、组织等建设，实施乡村振兴战略
B	支部书记	主持全面工作，主抓乡村振兴，产业发展
C	支委、村委	党建专干，教育生计，乡村振兴专干，移民工作
D	支委	主管安全生产，村务监督，畜牧水产，农、林、国土，陈家组组长
E	村委（村会计）	报账员，村部资料管理，民政，社会保障，疫情防控
F	辅警	综合治理，应急管理，安全管理，安全生产，信访维稳
G	产业专干	主抓村集体产业
H	护林员、组长	协助综合协调，环境卫生
I	护林员、组长	协助综合协调，环境卫生，冷水溪组长
J	组长	瞿学组组长
K	组长	易家组组长
L	组长	龚曹组组长
M	组长	姜胡组组长

数据来源：杨溪村村委会。

杨溪村党支部现在有书记 1 人、支委 2 人、党员 30 余人。村党支部的工作就是党建工作，如宣传党的相关政策、召开组织生活会、学习先进思想、对党员的考核和发展新的党员、资料管理，等等。支部委员的选举方式是“两推一选”，即党员和群众推荐、乡镇党委推荐、党内选举。基本选举流程为：制定选举实施方案、选举决定、党员大会请示和等待批复、推荐办法的制定、测评、考察、选举名单公示、确定候选人、召开党员大会、党员大会选举结果上报上级党委和公示。召开组织生活会（一个季度一次）、“三会一课”以及节假日慰问老党员等。与此同时，党支部还要负责收缴党费，按月领取工资的党员根据工资水平缴纳，村里这类党员通常每月缴纳 100 多元，而其他党员每月只需缴纳 6 元。

杨溪村村民委员会选举的基本流程是：推选村民代表、成立选举委员会、召开村民代表大会、选民登记、候选人提名和审查、投票选举、监督与考核。选民必须是杨溪村的村民，村民的选举资格是杨溪村的本地人，拥有杨溪村户籍，或者常住在杨溪村的人（这部分人需要向村委提交成为选民的申请，在村委同意之后才可以成为选民），需要上级政府派人和村书记、候选人到每一个小组，在小组内开会并投票。村委会派村委成员在村小组开会选举出组长。现在村委选举候选人的方式是：主任（书记）和村委由上级政府考察和推荐或者是村民推荐；组长则由村委会推荐和村民小组推荐。投票方式有举手投票和无记名投票。

随着国家对基层建设的不断深入，农村基层自治正迅速发展，杨溪村当前也处在村民自治的重要建设阶段。其村民自治实践体现如下：选举制度逐渐完善，杨溪村选举有正规流程，村民可以有效地行使自己的选举权。特别是村委的选举，村民发挥着决定性作用。现在多数是一户一票，即使现在很多年轻人不在家，依旧可以通过电话与家里人协商，再投出一家人认为合适的一票。科技的发展，也为在外工作的年轻人提供行使自己权利的便利。在杨溪村，每逢重要项目规划与实施，村委会定期召集村民大会，这不仅仅是为了传达上级政策指示，更是致力于促进村民参与村庄治理的决策过程。比如前文提到的修路项目，村委会不会强制村民做出决定，而是把项目告诉村民，由村民决定是不是要做项目。杨溪村的村民认为所谓的村民自治其实就是个人做好自己的事情，管好自己的事情，不做违法犯纪的事情。村民可能对于现在国家倡导的民主选举、民主决策、民主管理、民主监督不是很了解，但是认为他们也在完成村民自治，即“自己管自己”。村民在实践中形成对村民自治的理解，普遍认为“自己管好自己”即是自治的体现。通信技术的发展，特别是微信的广泛使用，使得村民自治的参与度和效率得以提升。

杨溪村的基层治理组织因为地缘和血缘的关系，呈现出村委干部的兼职性、权力与人际关系交融、国家基层治理的加强、村干部与村民关系复杂的特点。

从历史上看，无论是改革开放前还是之后，杨溪村的村干部除了履行其职责之外，都需要做其他工作以维持生计。人民公社时期实行的是工分制，每个村干部都需要从事生产劳动。当时，如果不劳动是没有工分的，每一个劳动力都必须劳动，自然也就包括村干部，如书记、大队长和队长等。改革开放后，尽管农村基层组织的治理结构和运作机制经历了一系列改革，但是村干部的薪酬和福利待遇依然处于较低水平。1996 年书记的待遇只有 40 元 / 月，1998 年是 80 元 / 月，2001 年是 250 元 / 月，2008 年是 600 元 / 月，2015 年是 900 元 / 月，2017 年是 1200 元 / 月，现在是 3200 元 / 月。因此杨溪村的村干部需要通过兼职其他工作来补充收入。以前村干部主要的兼职是种地，因为那时候的副业较少，村干部也必须像普通村民一样从事农业生产。人民公社时期是为自己挣工分，人民公社之后则是为了自家的生产。

村干部兼职性的特性并非一成不变，而是随着时代的发展也在发生着变化。杨溪村村干部兼职越来越少，因现在村委事务繁多，需要干部长时间地待在村委会。另外，村干部的兼职内容发生改变，有更多副业途径，如从事农业种植及养殖、经营农家乐等。

此外，农村社会作为熟人社会决定了关系与权力之间的交织。熟人社会中，人们的关系重叠较多，通过婚姻和长期的地缘关系，构建起了杨溪村现在的社会关系。基层党政作为农村的权力机构，其构成基本上是本村人，权力的运转也直接受到熟人社会的影响和制约。杨溪村是一个较为特殊的村落，除了杨溪村的集镇和以前的和平村（现属于冷水溪组）以外，杨溪村的村民小组都是根据姓氏来划分的，一个姓氏占据了一块区域，并且在这里生息繁衍，形成自然村。虽然当前的行政村由不同的姓氏合并而成，但在自然组层面，大姓家族因其规模和影响力具有主要话语权。每个组负责人基本来自组内大姓（由于冷水溪姓氏较多，这一现象并不显著）。姓氏带有明显的历史性和血缘性，历史上相同姓氏的人长期居住在一起，存在固定的联姻关系，使得他们的认同感增强。例如，笔者在田野调查期间了解到，村内有一家和胡家联姻较多，便形成了较好的关系。

除了表现在姓氏上以外，还表现在权力运转上。在农村，强制性的权力没有办法存在，所以村干部能够很好地行使权力的方式就是做到与村民构建一个良好的关系。田野调查期间，就有外来村干部提到，他们每到一个地方都需要花费很多时间与当地村民构建关系。一位不是杨溪村人的老书记提及，他调到村里时，花了几个月的时间来熟悉当地、适应当地。在村里，有很多的事情也是通过人际关系来推进和解决，一位村干部就提到，现在做很多的事情都是靠自己以前积累下来的关系和大家的认同，有时候“一支烟”更管用。可见农村的权力运转离不开人际关系。

另外，人际关系的构建也是双向的，不仅需要村干部去了解村民，也需要村民主动与村干部构建一个相对友好的关系。村民们大多认为，如果得罪了村干部，以后有事的时候也不好寻求村干部的帮助。所以村民们一般也不会与村干部交恶，毕竟这对于双方来说都是没有好处的行为。农村熟人社会的一个特点就是大家几乎“低头不见抬头见”，生活在同一个地域，产生的交集很多，村干部也是村里人，所以熟人社会中权力的运转也就与其社会结构有着密切的关系。

农村基层治理组织是国家治理体系的主要组成部分，农村村民自治加强的同时，国家意志得以在基层贯彻落实。

在杨溪村，上级政府会下发很多文件，而具体的实施则交给基层，并且上级政府会不时有专人下来检查基层执行的情况，这不仅是对村干部的考核，也是确保国家政策实施效果的重要举措。政策代表的是国家意志，政策得到有效实施，也就是国家意志在农村得到实施，这是国家控制力的主要表现。国家信息控制力还体现在宣传上。杨溪村现在的政策宣传，除了村委会和组长传达信息以外，传统的标语也还在被使用着，标语要求下到小组中。除了传统的标语方式，技术手段的应用也使得政策宣传更加到位。村民可以通过手机，特别是微信群直接了解政策和动态。还有就是广播的应用，广播的范围也是扩展到组，只要是组内的人，都可以收听到广播。

二、生产组织

历史上，杨溪村并没有专门的生产组织，基本上是自给自足，村内也没有集体产业。近年来，在国家扶贫政策的支持下，村里积极开展脱贫工作，杨溪村开始与公司合作，合理使用扶贫资金，成立了杨溪村种养一体化合作社。

合作社成立于 2018 年 2 月 2 日，分为葡萄种植专业合作社和黄牛养殖专业合作社。葡萄种植专业合作社的业务范围是为成员提供生产资料的购买、葡萄加工、葡萄销售以及与葡萄种植经营有关的技术、信息等服务。葡萄种植专业合作社的初期投入为 53 万元。黄牛养殖专业合作社成立之初投入 12 万元，其业务范围是提供生产资料的购买，以及与黄牛的养殖经营有关的技术、信息等服务。这两个合作社作为杨溪村的集体产业，可以解决杨溪村的部分就业问题，同时利润分配也考虑到集体产业的性质，分红主要还是给村中贫困户。具体分配为：葡萄园利润的 30% 分配给贫困户，50% 用于生产和开发，20% 用于扩大规模和销售开支；黄牛养殖利润的 50% 分配给残疾人，50% 用于扩大养殖规模。

随着产业的发展，种养一体化合作社也出现了一些改变。其中黄牛养殖专业合作社因为成本较高，周期较长，并且缺乏技术支持，导致黄牛幼崽成活率不高，而用工成本过于高，效益不佳，所以村里决定不再养殖黄牛。葡萄种植园最初效益不好，因此还尝试进行套种西瓜和香瓜。后来葡萄园的效益一直没有办法增加，加上之前的葡萄园由村委负责，村委囿于行政事务无暇顾及，为了提高效益，葡萄园现在已承包给村内乡贤管理，利用他们的资源来发展葡萄园。承包人负责管理葡萄园，每年给村委会租金。葡萄园登记法人依旧是村委会成员，他们会在有需要的时候为葡萄园的经营提供支持，包括提供销售渠道等。在生产组织后期，村委会采用承包的方式来管理生产组织，但是同时也带来村委会管理权力的转移，现在的村委会已经不再负责生产组织的具体管理，只是在有需要的时候给予一定的帮助。与此同时，虽然村委会一直是生产组织的法人，但是一部分实际权力已经移交给了承包方，村委会只是负责联络和最后的租金分配。

作为杨溪村的集体经济，种养合作社所用的土地有两种，一种是集体土地，另一种是租用农户土地。虽然葡萄园和一些产业承包出去了，但是性质并没有改变，改变的只是管理模式。土地租金也是用于村民分红，村委会通过合同的方式与贫困户或者符合要求的村民签订合同，合同上写明资金分配，最后也是按照合同的约定来进行分红，并且将账目明细加以公示。

种养一体化合作社会长期存在，同时现在的管理模式也处于实验阶段。据村委会介绍，他们未来准备发展鹌鹑的养殖。葡萄园、贡柚、黄金李等构成合作社中“种”的一部分，另一部“养”就是以养鹌鹑和鱼为主，规模会持续扩大，“种”和“养”之间灵活变化，以此来发展杨溪村的集体产业。

总之，杨溪村生产组织成立时间不长，主要是依托精准扶贫政策建立起来的农村种养一体化合作社。合作社在成立初期由村委会成员领导，书记更是在合作社的成立过程中起主要作用。从合作社前期的选种、资金来源、联系外面的公司，到建设时期的用工、人员培训、基础设施的维护，到生产后期的销售、利润分配，等等，这一切都是村委会在主导，用工的人选也基本上为扶贫户。可见，在生产组织成立的初期，村委会充当的角色十分重要。在杨溪村生产组织发展的后期，虽然采用了“承包”的方式来管理，但是村委会的影子依旧存在，村委会成员还是明面上生产组织的法人代表，负责与承包方联系，承包方作为杨溪村的“乡贤”，由村委会负责联络和召集。同时，所有的租金收入也是先上交给村委会，然后由村委会负责发放，未来的发展方向也是村委会和承包方一起协商决定的。

由此，无论是前期还是后期，生产组织的运行都离不开村委会支持，其提供的政策和资金支持是生产组织存在的前提，村委会成员的能力更是生产组织运行的重要保障，一些能人引领着生产组织的发展。

三、民间组织

在农村，除了正式组织之外，维持村落运转也需要民间组织。杨溪村是一个典型的“空心”村，绝大部分劳动力已经外出务工，留在家里的多半是老人和小孩。该村的民间组织也是基于现时的人口结构而建立起来的，主要有庙会组织、娱乐组织和红白理事会。

（一）庙会组织

杨溪村位于沅水流域，该流域的很多村落都兴建了伏波庙。伏波文化是当地主要的信仰体系，主要祭拜对象是马援将军。马援将军据传是东汉时期的岭南将领，在镇压湘西“五溪蛮”起义的过程中不幸在沅水流域去世，但是马援将军的威名一直留存在此地，之后的招安工作也是在马援将军的威名之下进行的。随着故事的流传，“马援将军之威”逐渐演化为“马援崇拜”，也就是学术界认为的伏波文化信仰。伏波庙一般建于沅水江边，每个村落大概有一座，但是伏波庙间的联系较少，伏波庙里供奉的神像也比较多元。杨溪村的伏波庙供奉的神像是财神，村民认为财神不仅仅管财，还可以带来平安。

庙会的头人组织有日常活动和正式活动之分。日常活动就是在农历每月初一和十五到伏波庙烧香纸，负责伏波庙的管理。一般情况下，伏波庙都是锁着门的，只有在庙会期间和重要的节日，如春节才会一直开着门。当伏波庙需要修缮时，头人组织也必须负起相应责任，如筹集资金等。正式活动就是庙会的筹备和管理。庙会通常在每年的二月、五月或八月的月初举行，且每年仅举办一次。如果二月已举办，则当年不再举办；若二月未举办，则顺延至五月或八月。庙会筹备一般需要两天，在前期还需要发放请帖。头人在庙会前一天需要买菜，庙会当天要安排人做饭，并维持好整个庙会活动的正常进行。参加庙会的人祭拜伏波庙里的神灵，奉上香火钱，最后在庙里吃饭。

庙里的资金来源主要有三种：第一种是头人外出化缘，这种方式目前已经不存在了；第二种是举办庙会时收取的香火钱；第三种是外出务工村民的捐赠，如在修庙的时候，瞿家外出务工村民每户捐赠了100元，一共3000元。从未来发展看，由于伏波信仰的头人组织没有传承机制，加之现在农村外出务工盛行，很多后辈对于民间信仰没有强烈的观念，因此以后的组织传承可能会出现断裂。

（二）娱乐组织

杨溪村老龄化现象比较突出，为了满足老年人的娱乐需求，村民们组建了娱乐队。杨溪村目前有两个娱乐队，一个是盘古乡舒溪口健身队，另一个没有正式名称，但其活动场地在村委会，笔者将之称为“村委会队”。娱乐组织能够在村内形成规模的原因如下：第一，村民主要的经济来源是务工，经济情况相对于以前有所提高。年轻一辈大都在外务工，留守在家的主要是老年人。村内大部分田地被五溪水库所淹没，所以杨溪村种田的人并不多且田地规模较小。

因此，杨溪村村民的农业生产任务并不重，老年人有更多的娱乐活动时间。第二，老人陪读之余，闲暇时间也比较多。杨溪村“舒溪口九校”的学生大部分是由老年人在学校附近租房陪读。学生上学后，很多老年人无事可做，娱乐活动便成为他们的消遣。第三，政府的资金支持使得这些娱乐组织有了一定的物质保障，如政府为老年人提供服装、音箱等相关设备。第四，观念改变。对比过去，杨溪村的老年人更希望自己的生活精彩一点儿，跳舞、打快板等活动可以使他们身心愉悦，由此他们也十分自觉地参与到娱乐活动中。第五，科技的进入。例如音箱，特别是带有屏幕的音箱的出现，使得老年人可以看视频学跳舞，极大方便了他们的学习。

杨溪村的娱乐组织在 2010 年开始组建。当时村委会成立了“老年大学”，书记任“学长”，村里的两个专干负责具体事务。“老年大学”成立之初规模较大，除了舞蹈队，还有舞狮队和腰鼓队，当时参加的人员有 30 多人。最初，盘古乡政府每年会举办一些活动，邀请每个村参加“老年大学”的老年人去表演，每年可以有两三次的表演机会，这个时候使用的名称是“杨溪队”。过了两年，村委会想再邀请他们外出跳舞时，“老年大学”内部出现了分歧。分歧的主要原因是当时有人认为杨溪口村的“老年大学”应该只有杨溪口的人，不应包括曹中坪的人，有人则提出相反看法。村委会调解无果后，队伍也就解散了。2019 年，村里的老年人开始自己组织舞蹈队，队伍成员也是来自不同的地方，有舒溪口、排底、董家坪，还有杨溪村的。过了一段时间，该支队伍也开始出现分歧，后分成两个队，即“盘古乡舒溪口健身队”和“村委会队”。

“盘古乡舒溪口健身队”由以前的队伍保留而来，其成员来自不同的地方，目前这个队伍有十多个人，成员主要是陪孩子读书的家长，在孩子上晚自习时，他们就会一起跳舞等孩子下课。在孩子们放假时，这个队伍的人会比较少，只有五六个人。“村委会队”的成员主要是杨溪村村民，特别集中在集镇和瞿家，大概有十个人。两支队伍的活动不太一样，“盘古乡舒溪口健身队”主要以跳舞为主，舞蹈分为“手舞”“花球舞”“扇子舞”，还有腰鼓等。“村委会队”主要是打快板、打十字棍，也有拉二胡、舞蹈，但是比较少。“盘古乡舒溪口健身队”因为人比较多，同时有前面的经验，外出的活动相对于“村委会队”更多些。以前还是一个队的时候，有村委会负责组织，演出会更多一些，现在相对少了一些。

在刚开始组织的时候，实行的是村委会管理与自我管理相结合的模式。村委会负责提供道具，有时候也会指导排练，外出活动也是村委会负责组织，费用一般也是村委会负责。队伍重新组织起来之后，村民们自己管理自己，服装、音箱都需要大家一起凑钱购买，排练也是自行组织，都是跟着音箱一起学习跳舞，外出活动变少了，同时外出的一部分费用也需要自筹，主要是外出用车费用。他们说现在是“拿钱买舞跳”，但是大家还是乐于去表演，他们认为能去表演就是对他们的认可。2021 年，沅陵县来了一位老师，现在整个县“老年大学”性质的组织都由这位老师统一管理。

（三）红白理事会

杨溪村绝大多数的劳动力都在外务工。红白理事会成立的原因如下：一方面，上级政府要求村委成立红白理事会，通过这样的方式来解决农村宴席问题；另一方面，现在农村劳动力短缺，不管是红事还是白事，特别是白事，需要有力气的人抬棺，只靠一个家庭是没有办法完成的，所以红白理事会就是集中一个村的力量，做到统筹规划，以此来弥补劳动力外出导致的人手不足。

村内各小组组长都是红白理事会成员，成员大多不超过 60 岁，同时身体健康。目前红白理事会一共有成员 30 人，其中女性占 30%、男性占 70%，具体为女性 9 人、男性 21 人。杨溪村遵照上级政府的号召，喜事从简。杨溪村的红白理事会需要劝诫办喜事的家庭，督促他们从简办理，同时还需要宣传政府政策。劝诫之外，红白理事会的成员也在摆宴席的家庭帮忙，帮他们借桌椅（杨溪村每家人的桌椅不多，需要办宴席时就得去别人家借），还有就是厨房帮忙，等等。村里有白事的时候，红白理事会除了以上的职责之外，还需要负责召集理事会的成员抬棺。抬棺一般需要16个人，8人一组，前面4人，后面4人，中间轮换。红白理事会得以正常运转还与地方习俗有关。该地原本就有家族有事相互帮忙的习俗，主人家会给相应的礼物，一般是烟和毛巾。虽然红白理事会是无偿工作，红白理事会的成员去帮忙，主人家也会按照习俗给予礼物。红白理事会所做的工作与当地互惠互利的传统相契合。

杨溪村各种民间组织具备如下特点：第一，该村人口结构决定了民间组织成员性质。杨溪村现在是“空心”村，劳动力大都已经外出务工，留在家里的都是一些老年人，这也使得杨溪村众多组织的成员基本上是老年人。杨溪村生产组织所聘用的人员大多是50岁以上的人，民间信仰组织的头人也是60岁以上的老年人，民间娱乐组织本身就是为老年人准备的，年轻一辈基本不在娱乐组织里面。第二，各种组织成员重复性较高。基层党政组织与非党政组织之间的交融，如现在的村委会成员基本上是红白理事会的成员，庙会的头人组织也基本上是民间娱乐组织的成员，成员的重复性是杨溪村的现实情况下的必然结果。第三，杨溪村的民间组织覆盖范围不全。目前杨溪村的民间组织主要集中在杨溪村集镇和附近的瞿家，成员也大多来自这里。对于另外几个组而言，尤其是冷水溪、陈家、姜胡组等，这些组距离杨溪村集镇比较远，村民基本没时间和精力参加民间活动，娱乐活动也基本不参加，庙会活动参加得更少。

通过对民间组织的介绍，我们可以看出各种民间组织与村委会之间的关系十分密切。民间娱乐组织成立之初，都是村委会牵头，村委会的帮助是民间娱乐组织存在的基础，没有村委会早期的投入，民间娱乐组织难以发展起来。同样，在庙宇修建和举办庙会活动过程中，村委会也给予了帮助。民间其他组织，如红白理事会也是由村委会牵头。从成立初期村委会主导到现在民间组织的自觉发展，村民在组织建设的过程中，主动性不断增强，很多已经不再依靠政府组织，而是村民自行组织和自我管理。现在杨溪村民间组织之间存在的问题是管理松散和资源不足。以前由村委会管理的时候，经常有一些活动，也会有一些有限的资金支持。之后随着村委会逐渐淡出，资源进一步减少，活动资金来源都是组织内部成员筹集，这也导致更加压缩开销，能够举办的活动也就更少。在未来，民间组织的发展将会面临更大的挑战。

四、结语

经调查发现，杨溪村的社会组织主要有基层治理组织、生产组织和民间组织三种类型，村两委在多个方面起着领导和协调作用，推动国家意志在基层得以贯彻执行，反映村民意愿，提升村民自治能力，是连接国家与村民的纽带。生产组织在国家扶贫政策下得以成立，发展了村集体经济，起到整合资源的作用。民间组织则致力于满足村民日益增长的精神文化需求，传承地方文化，强化社区凝聚力，这些社会组织的发展与时代的变化，与杨溪村本身的资源、人口结构、社会关系、地方传统、文化根基等紧密相关。与此同时，不同组织类型之间存在密切的联系，无论是人员的构成，还是资源的共享与配置，共同推动杨溪村的经济社会发展。

通过田野调查，结合现在的组织发展现状，笔者提出以下两个建议。第一，加入传统文化。杨溪村村民认为该村是“瓦乡”文化村，但是目前的社会组织中没有关于“瓦乡”文化的组织，地方性文化没有得以体现，所以在民间组织中可以加入“瓦乡”元素，做到传统元素与现代元素的结合，在保护“瓦乡”文化的同时，传播“瓦乡”文化。第二，引进更多资源。杨溪村社会组织的发展依旧需要更多的资源。村委会继续牵头，引进更多资源，提高待遇，引进人才，促进乡村的持续发展。上级政府也需要提供更多的政策支持和物资保障，同时要协调好上级管理与农村自治之间的关系，做到国家治理与村民自治的有机结合。

第二章　杨溪村公共基础设施

一、水利基础设施

（一）水库与山塘

20 世纪 50—60 年代正值新中国成立后大兴水利，杨溪村修建了三座水库，分别是：栗树冲水库，前名板树冲，位于易家组；长冲水库，位于龚曹组；赶子溪水库，位于胡家，现已被冲垮。这些水库都是村民自己修建的，主要是汇集下雨时从山上流下来的水用于水田灌溉。修水库的人都是本村的，那时候是生产队出工，一个生产队的所有男性都要去修水库。早上三四点钟就出门了，拿火把走路到工地去。后来为了灌溉，还修建了易家水渠。此外，盘古乡关于 2018 年河长制的工作规划中，瞿家有一个公家溶山塘，曹家也修建一些渠道，下文会详细介绍。

1. 栗树冲水库

1953 年修建，占地 110 多亩，为小二型水库，有泄洪闸、衡量水位阶梯、涵洞、水闸等。它灌溉了当时整个曹中坪的农田，约 600 亩。1994 年建五强溪水库，淹了大部分田，平地的田不多，留下的都是天水田。1980—1982 年，分田到户后，许多人抛荒田地出去打工，灌溉需求减少。水库承包给易 ZJ 养鱼，灌溉用得不多。现在是易家组长管理水库，主要负责杂物清理，防止堵塞，同时也在泄洪的时候放水，需要用水的时候蓄水。

20世纪70年代，栗树冲修建了一条水渠通到长冲水库。后来也进行了硬化，用来灌溉曹中坪的田地，也可以灌溉到姜胡组那边。修建易家水渠之后，灌溉面积增加。但后来由于灌溉不常用，又修建了车路，损坏了部分水渠。栗树冲水库有过两次维修，第一次维修由刘老板承包，在2011—2012年修建了一个放水的工程。一位陈姓村民描述了当时的情景：

> 当时是我们几个人承包的，它是地下的航道，通水的航道不通了，地下垮了堵塞，是刘老板承包了，准备把那里破开，清理了，看地下究竟是哪里堵塞的，我们挖了几丈，上面崩了，咱就挖不到，我说再挖要出人命的。我们就挖一节通一下，结果是很多的渣子把它堵塞了，我们把它弄通就可以出水了。

2015年，县政府投入资金100万元完成栗树冲水库除险加固。

2. 长冲水库

1956年修建，也有泄洪闸和涵洞，现在已不用于灌溉。

3. 赶子溪水库

1968年建成，后面冲垮了，现在归属姜FF，但是不用于生产。

4. 杨溪村的灌溉变迁历程

杨溪口与曹中坪的情况不同，杨溪口的冷水溪、陈家和瞿学组没有水库，基本都是邻水。在生产队时期使用柴油机进行抽水灌溉。分田与五强溪水库淹田之后都是抽河水进行灌溉，部分天水田不灌溉。现在基本是用一个小型的水泵抽水灌溉。而曹中坪，易家、龚曹、姜胡三个小组，在20世纪50—90年代基本靠的是50年代修建的水库进行灌溉，部分也使用河水。在淹田之后，水库不再用于灌溉。易家曾为了灌溉田地使用过大马力柴油抽水机，后面各组进行灌溉使用的大都是电抽水灌溉。

案例：观察瞿姓村民抽水

接好插板，把插板一插，然后拉下总开关就好了，因为线不够长，他自己接了一段，电线是从码头树上那个电插头接过来的（码头树上的电线是从高压线上接下来的）。插板要用东西盖着，害怕进水导电，也怕太阳晒。安装好了就通电了。抽的话起码要抽一天，因为天旱，田都开裂了。接线不能乱接，需要付钱。私人安装的电表在码头上面，费用收得贵些。他们从自己家接线，就收得便宜些。以前抗旱收电费，农用电会便宜一些。接好线之后，要检查一下，水管经过车路的时候，爷爷会在水管的旁边放上木板，从而使过往的车不会压坏水管。“我们这边太落后了，电工没有给我们接线，如果接了线，弄个总开关，我们弄个分开关，就好了。”

杨溪村对于天旱基本没有应对的设施建设，村民多是自发抽水，保护自己的田地。在易家组，部分村民希望可以维修灌溉设施、重新修复灌溉渠道用来灌溉曹中坪这边的田地。

（二）饮水

1. 安全饮水建设情况

全村安全饮水实现全覆盖，且水源已经由专业部门取水样进行了检测，确保了水质安全。供水情况为自来水 1003 人、山泉水 706 人、井水 377 人，村里配备 5 名管护员负责饮水管护工作。

枯水期间如水源供水不足，管护员会通知农户备足日常用水，由管护员确定好关水与开水时间，以防给农户带来用水不便。集镇上井水和河水的蓄水池是一起的。上面的池子用井水，下面的池子用河水，当井水不够的时候就用河水。河水的蓄水池很大，约 6 米深，除了过滤设备，还有一台机器是放消毒液的。安全饮水过滤器就是过滤河水的，两年清理一次。河水的蓄水池一直在用，不是洪水期也都在用，3—4 月水浑浊时，以及枯水期 4—5 月打不上水的时候，一般会用井水。集镇的水价是政府定下的，原来 3 元，政府派人专门管理。李姓村民自 1996 年承包，2010 年和陈家媳妇一起承包，2018 年涨了水价。

易家组的用水是山上引水，因为易家组有一个水源点，所以建了蓄水池。管道是扶贫的时候资助的，有一大一小两个水池，水池是之前的组长主持修建的，现在是易组长在管，两个月消一次毒，三个月清理一次，每天都会放一次水。但是有村民抱怨水浑浊，存在放水隔的时间长、不清理等问题。易组长认为是引水池太小导致的。易家组的引水池在很远的山上，每到下雨的时候还要去检查，不出水的时候也要去检查。当初建安全饮水工程的时候，只利用了一个引水池，没有采取多的过滤措施，水管上也没有沉淀泥土的设备，所以水很浑浊。易组长希望接通两个引水点，这样就可以有流动的水了。

清理水池的步骤如下：带着梯子、铲子、扫把以及桶等工具，先放水，把水闸关了，看水差不多了，人就下到蓄水池里，用铲子把里面的泥搅拌后和水一起排出去，还要不停地捅水管，让它保持畅通，水就从清澈开始变得浑浊了，之后他们会把一些木条、木板拣出来。扫了两个小时之后，到底了，泥也清掉了很多。当泥水排得差不多的时候，就开始放水，用扫把扫，用水桶冲，等水清澈了就离开，再把饮水口打开，第二天放明矾，这样就完成了一次清扫。

2. 其他饮水来源——金凤滩饮用水

李姓村民 20 世纪 90 年代开始经营桶装水，这个程序不复杂，外面水厂直接送到这里，供应学校和村民。现在好多家庭都有饮水机，也都有净水器。90 年代用桶装水的人很少，主要是学校。这边有两所学校，学生几百人，人多，一车水喝两天。水厂在金凤滩，路程两个多小时，直接送到李姓村民家，她就负责下单，一桶水赚 1 元钱。

3. 饮水变迁历史

20 世纪 90 年代前，村民饮水靠手提肩挑溪水及山泉水、井水。后来集镇有了自来水供应。随后各组也采取一些措施进行了引水供水，移民时期建立了一批家用蓄水池，后来都不再使用了。直到安全饮水工程建设后，村民得以实现饮水安全，也实现了饮水的有效管护，形成了较为完善的管理体系。村民的观点也发生了变化，集镇上很多人愿意喝桶装水，村民们则认为开水更健康，不再喝生水，甚至有部分人认为柴火烧的水更好喝、更有营养。这说明在饮水工程变迁的同时，人们的饮水观念也发生了变化，更加关注饮水安全问题。

（三）曹家堤坝

曹家堤坝于 2017 年修建。这一片的田地本来是在 108 米水位之下，县农科办想修一个堤坝，挡住洪水，让里面的田地不再被淹，可以进行种植，于是就把里面相对较高的一片地推平了，形成现在的田地，外面的坝防止洪水进来，排水沟往外抽水，但这只是计划。一位龚曹组的爷爷说：

> 推了这些田没有弄平整，也没有分，涨水的时候淹过几次，电排没有弄好，没有机子，没有电排，上一年就是从电排那里淹上来。电排站，它只是一个阀门，没装什么东西的，没用的。堤坝漏水嘛，就是有的地方陷下去了，有个槽，有水就会从那里灌进去嘛。

堤坝没有起到原有的防洪灾作用，反而使得每年五强溪水库关闸涨水的时候倒灌得更严重，许多村民对这个工程有不满情绪。

二、现代能源体系构建

（一）供电

自 1974 年开始，陈家村在杨溪修建了一个灌溉水坝。1976 年，省工作队在杨溪口大队组织兴修杨溪电站，将水坝改成电站，装机 1 台 20 千瓦，供杨溪大队及曹家坪大队部分生产队。以前供电不稳定，晚上快天黑时才开始发电，到十一二点就停电了。1980 年，木洲电站并入县域南部电网，开始由变电站供电。电线杆也从木杆改成了水泥杆。1993 年，五强溪库区清库，舒溪、杨溪电站废弃。2005 年，木洲电站并入国家电网。后来又将村中的电杆改成了国家电网的电线杆。2015 年，完成农网改革。现在基本是岩屋潭发电站的电送到筲箕湾变电所，再到杨溪村。刚通电的时候，村民只用于电灯照明，电器是后面逐渐多起来的。现在每家每户都有了冰箱、电视、电风扇、洗衣机、电饭煲、空调、电磁炉等。用电也很稳定，电费 0.588 元一度，村民每月通过手机付费。

供电所负责供电管理，检修电路。一位检修变压器和电表的供电所工作人员告诉笔者，一个集镇有 2 个变压器、60 多块电表，每个组一个电表。他们会在电线杆上刷上信息。电线杆上的标记为某台区第几号，某台区就代表了某个组，第几号代表从变压器传下来的第多少根电线杆。基本一台变压器就是一个台区，一个组就是一个台区。

（二）其他能源

杨溪村目前使用的燃料主要有煤气、沼气和柴火三种。煤气 140 元一罐，一般一罐用一个月左右。煤气主要用来炒菜，换气比较麻烦。集镇、陈家、龚曹几个组有很多人家使用煤气，冷水溪、易家组较少。

沼气需要猪粪才可以发酵产生。沼气项目第一批在 2003 年施工，当时很多村民使用沼气，现在则很少了。有些人不愿意用，因为要请人挖一个大井，比较难弄。猪瘟之后，村里养猪的村民少了，用沼气的人家更少了。

现在依旧有很多村民继续使用柴火，不管是在集镇上还是村落里，很多村民用柴火烧水煮饭，一来杨溪的木材资源丰富，人们经常上山捡些树枝当做燃料；二来部分村民认为用柴火烧得水好喝，煮得饭也好吃，对柴火有天然的好感。

虽然村上装了光伏电灯，用上了太阳能，但是杨溪村的清洁能源使用比例不高，当地丰富的水资源并没有被很好地利用，能源消耗还比较原始。其能源体系距离现代化还有一段距离，而这需要依托未来的基础工程建设。

三、信息化基础设施

（一）通信

电视电话信号已在杨溪村全面覆盖。1961 年，舒溪口公社装电话总机 1 部。2008 年，光纤入户。2010 年，手机信号全覆盖。通信设施大都是移动、联通在村里修建的。2002 年是座机，手机 2000 年左右就有了，村民最开始用老年机，打电话一分钟就需 1 元钱，接电话也要扣钱，现在一个月 100 元可以花好久。

（二）网络

前几年集镇有几户人家已经通了网线。如果要安装网线，费用公司出一半，村民出一半，具体根据距离电线杆的位置远近来确定。愿意安装网线的家庭大都是家中有年轻人的，觉得孩子回来了需要用，因为宽带费用较高，部分子女不常回来，不使用智能手机的老人不会安装网线。

（三）广播

村内广播站于2018年建成，目的是宣传各项政策、通知各种信息，比如疫情防护政策、地质灾害等各类信息。广播室设在村委会，极大地方便了村委的工作。

目前杨溪村通信信号已全覆盖，宽带网络也在进行中。但就整体而言，村民生产生活中使用现代信息技术的较少，智能设备家家都有，但是留守家庭主要是小孩在使用，老人一般不会使用，网络教育、远程医疗等信息服务很少见。杨溪信息化建设需要解决人口结构问题，也需要进行更多的信息普及。

四、人居环境改善设施建设

（一）生活垃圾治理

2017年，杨溪村在政府的号召下开始处理生活垃圾，垃圾不可以倒进河里，也不可以倒到山里面去。每组招聘一个卫生员，卫生员必须把每个组的垃圾集中到垃圾池里，然后烧掉。政府发放资金用于修建垃圾站。陈老书记负责修建了两个，之后是张书记带领修建。除了每家门口（家附近）是每家自己负责，其他的公路垃圾均由卫生员分段负责，将垃圾收到拖拉机里后运到垃圾池焚烧。现在每个组都有1个焚烧池，集镇一共有4个垃圾池，其焚烧炉在去往陈家和冷水溪的三岔路上。

2015年政府发了分类垃圾桶，每户1个，经过几年更新，现在每家都有2—4个垃圾桶，但并未进行垃圾分类。垃圾分类是在焚烧垃圾的时候进行，卫生员会将塑料瓶、易拉罐、玻璃瓶等物品挑出来，放到焚烧池的旁边，然后进行回收。现在的大焚烧炉由刘老板于2017年新建。

每组2个保洁员，现共有12个保洁员。在居民区以及沿河区域都安排了人进行垃圾处理。

表 2-1　卫生员情况示例表

卫生员	负责范围	打扫内容	打扫频率	打扫时间	每年工资	从事时间
姜 RY	新集镇一条街，旧集镇一条街	收垃圾	新集镇一天一次，旧集镇两天一次	三至四个小时	3 万元，每半年发一次．工资	2019 年
陈 FX	新集镇一条街	扫地，清理四个垃圾池，烧垃圾	每天一次，垃圾池一周铲一次	三个小时	/	2017 年
易 CJ 向 GY	易家公路到新桥公路，以及河边	打扫村公路、人行道，清理河边垃圾	一周一次	两个小时	4000 元	2019 年
陈 DS	从陈家、冷水溪到集镇三岔路	打扫村公路、人行道，烧垃圾	一周一到两次	四个小时	4000 元	2020 年
张 ZB	从陈家、冷水溪到集镇三岔路	打扫村公路及人行道	一周两到三次	四个小时	2000—3000 元	2020 年

随着保洁员、垃圾设施的完备，杨溪的垃圾治理也越来越好。村里变得干净卫生得多。现在村民们的卫生意识慢慢提高，乱扔垃圾的少了。一方面因为垃圾治理项目的实施使得村民所处的卫生环境改变，潜移默化地影响了村民，另一方面正如一位访谈对象所说：

现在好多的年轻人，是在外打工的，在深圳、广州这些地方，那里环保搞得好的。回来了，满大街一说啊，现在慢慢地老人们也都变好了。

在年轻一代的带动下，乡村环境得到了明显改善，人们的环保意识有了显著增强。

（二）污水处理

新集镇的污水处理系统最初修建于1993年，但是当时下水道还不太完善。2020年进行了改造，2021年进行了验收。污水处理系统是移民局监督的项目，一共花费200万元。其主要的改善工作是排水系统，排污水的沟渠被堵塞了，需要进行清理。之后就是处理好下水道口的安全问题，至少在每一个下水道井盖下面有一层网，因为里面有一两米深，对学生很不安全。中心小学旧址（现幼儿园）还有部分没有整改到位。

下水道有两层，下层是排生活污水的，上层是排雨水的。同时下水管道每间隔50米就有一个沉淀井，经过几道筛选、几道排污、几道沉淀，污水在排入河里之前，进入一个很大的污水处理池（在扶贫车间），处理池内部有一个大的污水处理器，污水经过处理之后才能排入河流。而沉淀井经过几年也会定时清理。

瞿学组有一口老岩井，位于集镇地势较低的位置，靠近沅水，同时也靠近下水管道，部分村民害怕井水被渗透，就不再饮用那里的水了。重新维修下水道使得当地村民认识到污水离水井很远，管道也很厚实，但他们已经习惯用自来水了，选择水井打水的人很少。

（三）厕所改造

盘古乡2020年农村人居环境整治工作方案中就将厕所改造列入2020年重点民生实施项目。结束扶贫工作之后，杨溪村厕所改造2021年开始动工。其实施需要各家各户先挖好一个2.4×1.3×1.3米的坑，之后承包方会带着化粪桶管道、便盆来进行安装，还会补贴300元。其中的污水可以继续作为农家肥，但是需要一个水冲厕所，因为水冲的才能使用化粪池。这个项目是乡政府和施工方签合同，全部由承包方负责，村里帮忙沟通配合。

在项目实施期间，部分村民觉得厕所卫生干净，很干脆利落地挖好了坑，但部分村民因为没有合适的位置，没有办法进行厕改。还有部分村民得到了错误信息，认为化粪池要钱，也没有办法挑农家肥施肥而拒绝。在热火朝天地挖坑之后，过了几天化粪桶就到了，最后按指标一共有 95 户，拉了 120 个桶（包括荔溪口的），分别是易家组 15 个、姜胡组 15 个、陈家组 8 个、冷水溪组 9 个、瞿学组 20 个、龚曹组 28 个。化粪桶是塑料的，有七八十斤重。安装试验点在易家组 CFX 家中，人员有乡政府的干部以及承包方的老板、村委会主任、村委干部、家庭成员、请来安装的师傅。政府干部要求记录以前的厕所情况、改造过程以及改完之后的厕所三个照片，每户都要做资料。

化粪桶是三格化粪池，桶的中间装两个隔层，前两格用于过滤，最后一格用于储存。包工头在旁边指导，因为怕返工，一开始就严格要求。装了隔板之后安装水管，盖上盖子进行填土，之后过了一段时间还在上面涂了一层水泥。上面盖的水泥要留下盖口和盖子。安装过程持续了近一个小时。

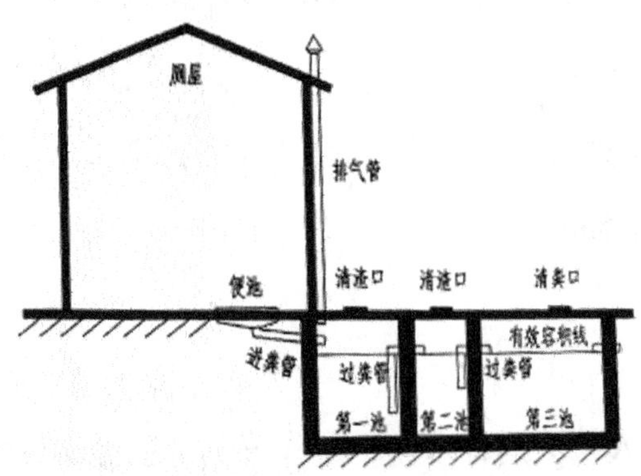

图 2–1　农村三格式户厕构造示意图

（四）路灯

2017 年，瞿学组安装集镇路灯 42 盏。2018 年，安装光伏路灯，全村 6 个小村民小组安装路灯 138 盏。大多数村民觉得路灯有用，农忙时节晚上收稻谷就可以照明了，晚上回家也方便。值得注意的是，部分村落尚未实现路灯全覆盖，并且路灯的维修和护理并没有专人负责，故而还需要完善管护机制，实现长效发展。

五、教育与医疗

（一）教育

1. 幼儿园

2007 年，集镇办幼儿园。园长是易老板的妹妹，承包了以前中心小学的房子，转成幼儿园。每年的承包费交给舒溪口九校作为公共经费。前几年学生多一些，小班、大班、中班加起来有 100 多名学生，现在少一些。其学生来自杨溪村和舒溪口旧集镇等附近村庄。

2. 小学

1969 年，曹中坪和杨溪口各有一个村小学。1993 年移民后，杨溪口村小搬到新集镇上面，与舒溪口集镇的中心小学合并为中心完小，开办 1—6 年级。2005 年舒溪口中心小学与 13 所村小合并为舒溪口小学。2006 年 6 月，舒溪口中学与舒溪口小学合并为舒溪口九校。2013 年 11 月，舒溪口九校完成合格学校验收。学生来自整个盘古乡。

3. 初中

1969 年，建舒溪口公社中学。1994 年，舒溪口中学也搬迁到新集镇上。2006 年 6 月，舒溪口中学与舒溪口小学合并为舒溪口九校。2013 年 11 月，舒溪口九校完成合格学校验收。学生来自整个盘古乡。

20 世纪 40—60 年代，杨溪村为私校教育，五六个人一起请一个老师，主要是教认字，学一些做人的道理。当时只有家庭条件好的人才能请得起老师。学生们掌握基本的认字能力后就不读书了。20 世纪 60 年代建立村小和中学后，上公学才普遍起来，1994 年进行扫盲工作，1996 年基本普及九年义务教育。

老一辈（60岁以上）最高学历是初中，中一辈（40岁以上）最高学历是高中，年轻一辈（20岁以上）最高学历是硕士。村内已有三位硕士，本科学历较多。现在很多学生是留守儿童，也有一些是家庭经济困难的，杨溪村户籍学生16岁以上的有1108人，其中杨溪教育资助学生72人。一般学生都会读完初中进入高中（沅陵一中、二中），或者去县城、吉首等地读技术学校。

舒溪口九校的升学率较高，学校全体教职工约50人，上课教师约47人。老师趋于年轻化，大多数为30—40岁，2017年后开始大量招收新教师（包括特岗、公招、免试），老教师大量退休，新教师月工资3000—4000元，公积金缴齐，但偶尔会延期。学校提供单身公寓，40元每年，水电自付。

农村生源越来越少，大多向城市流入，最少时200—300人，现有约500人，但仍逐年减少，多是跟随父母进城去了。由于父母工作的不稳定性，学生流动情况很普遍。现在学校上课基本是上课10天放假4天，因为交通不方便，要减少坐船的风险。学生上学不需要学费，只需要交课本费、补课费与伙食费等。杨溪村到九校就读的学生，大都有家长陪读，这种情况从1997年左右开始。家长十分重视小孩的教育，同时也担心学校条件不好。

杨溪村的教育经过新中国成立以来几十年的发展有了很大的变化，教育条件有所改善，但是高中还未完全普及。城市和乡镇的教育水平差距还是较大，并且面临生源不足、师资不足的困境，故需加强对当地教育的建设。

（二）医疗健康

1. 卫生院

杨溪村卫生院有3名医生，共有13人。1994年开始建医院，1995年建成，面积600平方米，包括门诊部（两个诊疗办公室和一个高血压专病门诊）、住院部、两栋宿舍楼（一栋是2015年新建的）。该院最早是乡医院，撤乡后为盘古乡分院。现在一共有21张病床，基本不分科室。附近正在新建一座住院楼，需要资金 100 万元左右，卫健局出一半，医院从自身收入中出一半（医院收入不用上交，供员工工资与医院建设），建好之后可以有 62 张病床。医生的工资在 4000 元左右，交保险。医院有工作 20 多年的老医生，也有新调来的医生和院长，护士都是分配过来的，比较年轻。三个医生轮流值班，晚上轮流值夜（到 12 点 /1 点）。护士分早晚轮班，工作相对轻松。医院有两栋宿舍楼，户型分为一室一厅和两室一厅，都带厨卫，免费入住，住宿情况比较紧张，部分职工一起住，免水费，电费需个人缴纳。医院基本不做手术，医疗设备较少。医院有检查 B 超、抽血检查、高血压的设备，药品都是投标的，不能报销，价格也贵了很多。

表 2–2　医院诊疗价格

项目类型	价格
贴敷疗法	9 元
普通针刺	10 元 /5 个穴位
手指点穴	11 元 /5 个穴位
电针	18 元 /4 个穴位
中医定向透药疗法	30 元 /30 分钟 / 次
穴位注射	23 元 /2 个穴位
灸法	18 元 / 次
隔物灸法	30 元 / 次
拔罐疗法	9 元 /3 罐
游走罐	10 元 / 次
急性腰扭伤推拿治疗	34 元 / 次
腰椎间盘突出推拿治疗	34 元 / 次
膝关节骨关节炎推拿治疗	23 元 / 次
刮痧治疗	16 元 / 部位 / 次
血常规	3 元
尿常规	6 元
大便常规	3 元

续表

项目类型	价格
心电图	7 元
十二通道	10-17 元
空腹血糖	9 元
肝功能	40 元
肾功能	13 元
血脂常规	16 元 / 部位 / 次
X 片	15 元 / 次
B 超	30 元 / 次

病人都是本地、盘古乡、筲箕湾的村民。一般看感冒发烧比较普通的病情。换季、气候变化的时期病人多一些，对于看不了的病会往上一级送。一年诊疗病人 1000 人次左右，住院病人一个月有四五个。

医院有发热门诊，不能打疫苗，但可以做核酸检测（采样本，送到县里去，因为没有设备）。病人都需要进行登记，对于打工返乡的人也都需要进行核酸采样。打疫苗时，县里有医生为无法出门的老人上门打疫苗。2007 年，卫生院开始实行新农合，村民看病可以报销，病人增多。报销分为贫困户和非贫困户，比例为 85% 和 75%。

2. 卫生室

村卫生室医生为向医生，毕业于沅陵卫校，祖上三代从医。他本人也行医 20 多年，是村里贫困户签约的家庭医生。卫生室在他家里（因为村委会修建的时候没有留下卫生室的位置），有诊疗室、观察室，没有留观室，因为是自家的房子，无法达到卫生室的要求标准。设备不多，只能检查“三高”。

医院基本工作为诊疗，下村进行疾病预防。诊疗也分在诊所看病和入户看病。国家提倡预防为主，具体工作为每季度的“三高”检测、孕妇生产等。目前存在的问题是医生下队进行检查时，无法一次性完整检查，需要重复多次。

下村之后无法顾及来诊所的病人，影响收入。同时因为新农合的实施，村卫生室的报销人口限制在本村，同时也限制报销金额，所以病人减少了一些，病人大都是熟人。

医生收入来源为乡村医生补助、诊疗费等。乡村医生补助一年 2 万元左右，诊疗费每人次 5 元，打点滴也是每人次 5 元。同时对于乡村医生工作进行考核，主要是打电话对病人进行满意度查询，及格分数 85 分，如果不及格会扣除部分乡村医生补助。由此，在这过程中会出现部分病人不理解专业词汇而做出错误回应的情况。医生工资相对较低，杨溪附近这片包括河对岸只剩下向医生一人，一些人选择出去打工了。

药品需要医生在国家平台上购买，药品价格低一些，需要按照平台上的价格进行出售，但乡村医生有药品补助。医疗垃圾都有卫生医疗服务专车来取，废弃物回收袋都是专用的，专车会定期过来。卫生室与医院在业务方面存在竞争关系，但公共卫生预防是一起做的。

案例：赤脚医生

1969 年，大队兴办农村合作医疗，由社员筹集基金，享受免费诊疗优待。医卫人员农忙时参加生产队劳动，平时防疫治病，时称赤脚医生。现在赤脚医生基本转变为乡村医生，或者退休在家。

杨溪村有两位退休的赤脚医生，其中一位是易家组的易医生，主要负责曹中坪，另一位是瞿学组的张医生，主要负责杨溪口。易医生从医 40 多年，张医生从医 10 多年；易医生现在退休工资每月 120 元，张医生每月 150 元。退休工资按照退休年龄开始计算，开始都是 100 元，一年涨 5 元。两位医生都去过县里进行培训学习，包括解剖学、药学等，以及消毒、皮试等医疗技巧。他们通过考试，回到村里做乡村医生，各开了一个小诊所，每天的工作就是背着药箱在村里看病。在生产队时期，医生看病是记公分的，有病人要叫人带口信，后来就可以通过电话联系。当时看病费用都比较低，打针的比较多，药品比较少，主要是阿司匹林等药物。易医生到县城大药店进货，张医生的药是公社配备的。对于看不了的病，他们都是转到上一级医院如泸溪。张医生的病人转到县城的比较多。除了西医之外，他们还会一些中医，易医生会把脉和针灸，张医生会炮制中药，使用草药比较多一些。当时看的病主要是打摆子（疟疾）、感冒、伤寒、麻子痘子、抽筋、癫痫等，也会运用一些土方子：

> 以前看消化不良，就在结节上用针扎一下，扯丝丝的就是消化不良。消化好了你挤一下就是血，就是弄那些土办法。

两个医生的治疗经验都很丰富，都是敬业、有医德的好医生，与村民的关系也相处得很好，都在感叹医疗手段的先进与快速变化。

案例：传统医疗

陈家组以前专门有草医治疗被蛇咬的情况，现在他们都过世了，方子也没有留下来。他们治疗不写方子，而是直接帮病人把药敷上去。据说草医在学之前首先要让蛇咬一口，然后自己给自己搞药，把自己治好了才能出师，因为大家都不敢学，也没有传承下来。

以前村里也有老中医，是卫生所向医生的爷爷，当时使用的是中药，开方子治病。后面传到了向医生这一代，但是向医生的卫生所基本使用的是西药，中药很少，药方传承的也不多。

20世纪50年代以前，杨溪村的主要医疗方式为草药或中医。传统医疗保障了村民的健康，发展出了很多土方子，但传承下来的很少。1958年，舒溪口公社卫生院建立。当时赤脚医生是杨溪村医疗的支柱力量，他们掌握简单的西医知识，同时运用一些中医和草药知识。1981年后，合作医疗停办，农村医疗由卫生院和村卫生室承担。1996年，移民新建舒溪口卫生院。2006年，实行新型农村合作医疗。到这个时候赤脚医生都已经退休了，村民看病的主要去向是卫生所，以及移民之后搬到集镇的卫生院，撤乡和移民使得新集镇上并存两家医疗机构，主要是西医，医疗技术也有了很大的进步。同时新型合作医疗也减轻了村民的看病负担，村民们的基本看病路线为小病小痛就去卫生所、卫生院，严重一些去县城及市的医院。

六、杨溪村公共基础设施发展与改善

（一）公共基础设施发展历程

杨溪村的公共设施与服务建设可以分为如下阶段：第一个阶段为20世纪50—90年代的大修水利时期。在该阶段，进行了一系列水库、电站、水坝修建，推行了村小、赤脚医生等公共服务。第二个阶段为20世纪90年代至21世纪初期的移民阶段。一方面因为五强溪水库的淹没，村庄布局发生了很大的变化，进行了集镇的建设，道路、下水道、集镇供水等都是这一时期建成，道路的布局也发生改变了，这一时期修建了陈家、冷水溪和集镇之间的毛坯路，集镇与原舒溪口集镇之间的道路、码头、人行桥等，也建立了学校，卫生院等公共服务设施。第三个阶段为2000—2020年的扶贫阶段。这一阶段对村公路进行了全村完善。曹中坪的毛坯路相继修通，并进行了全村道路的硬化；同时完成了全村人行路的修建，并修建了公路桥，修缮了几个码头，完善了客运，并完成了全村的农网改造、安全饮水工程，修建了抗洪设施曹家堤坝，同时也进行了垃圾治理，安装了公共照明设施，进行了人居环境的改善。第四个阶段为2021年到现在的乡村振兴阶段。主要工作集中在人居环境的改善，包括污水处理和厕所改造两个方面，同时也在完善农村社会保障体系。

就杨溪村内部而言，集镇瞿学组在公共设施与服务方面与其他村民小组存在较大差别。因为集镇是集聚之所，曾经也是乡政府所在地，撤乡之后，幼儿园、九校、卫生院留了下来，村委会也在集镇，村民居住集中，经济条件相对村民小组较好，集镇上的年轻人相对集中。同时，集镇是村民的交通集散地，也是很多村民上学的集聚之地，在人口、经济、政治区位等因素的加持下，集镇的交通物流、供电饮水、通信网络、污水处理等硬件设施的建设相对村民小组更早，而健康教育、人居环境的改善等服务设施的建设相对村民小组更加完善。相比盘古乡其他村落，如舒溪口、荔溪口等村落，杨溪村公共基础设施的建设是相对落后的，由于地理位置偏远，道路崎岖，修建基础设施特别是通路与供电拉网等的难度都比较大。但是撤乡与移民，促成了杨溪村的公共服务的地理优势，就医就学也都便利起来。

根据前文所述，可以得知该村在建设与服务方面存在一些问题。总体来看，其存在的问题可以归纳为四类：一是规划政策与实际不符或冲突造成的问题，如花费巨资修建，却未达到预期目的的曹家堤坝，乡村医生在新型合作医疗与预防为主的工作要求下造成的工资低、无人接替。二是管理和维护不到位的问题，如路灯没有人维修，部分水库无人管理。三是部分设施使用率不高的问题，如网线、宽带对于空心化的村落而言利用率不高，多个水库不再使用。四是部分设施与服务未能到位的问题，如村中公共文娱场地缺乏，基层医生缺乏保障，老年人生活保障关注不够。

（二）杨溪村公共基础设施建设的影响因素

杨溪村公共基础设施的影响因素主要包括直接因素和根本因素。直接因素有三点：库区移民淹没田地，对水利相关设施建设产生很大影响；人口房屋迁移影响公共设施建设规划与修建难度，以及集镇与村民小组存在差别；同时也带来了国家对库区的政策倾斜。靠水但偏远的地理位置，增加了公共基础设施与服务设施修建的难度，使得其修建时间滞后。撤乡并村，改变了杨溪村公共基础设施与服务设施的服务范围以及修建速度以及规划变化。根本因素有三：第一，在种田养活不了家庭的情况下，杨溪村越来越多人以外出务工为生，这使得杨溪村出现了空心化的现象，这对公共设施的利用率和维护都造成了影响。第二，国家主导的设施修建。杨溪村的贫困村以及库区移民村的身份使得政府对于杨溪村的发展和建设关注度很高，其公共基础设施建设与服务建设基本都是按照国家政策、政府文件规划逐步实施进行，采取从上至下的实施方式，但这也导致在具体实践过程中存在一些政策无法应对而不了了之的情况。同时作为村民与国家对接的中介，一些村干部未能很好地反映建设过程中存在的问题以及村民对于设施与服务建设的要求。村民对于公共基础设施与服务建设缺乏积极性，主体性作用未能充分发挥出来。第三，社会的现代化进程。经济快速发展，消费经济、市场化、科技等对杨溪村造成了很大影响，人们的生活快速变化，消费增长、需求增加，健康卫生等观念的改变，社会现代化的进程从村落内外影响着杨溪村的公共基础建设与发展。

（三）杨溪村公共基础设施改革建议

根据乡村振兴战略规划中“加强农村基础设施建设，促进城乡基础设施互联互通，推动农村基础设施提档升级”“改善农村人居环境，全面提升农村人居环境质量”“增加农村公共服务供给，逐步建立健全全民覆盖、普惠共享、城乡一体的基本公共服务体系，推进城乡基本公共服务均等化”的要求与目标，依据杨溪村公共基础设施与服务建设存在的问题以及影响因素，笔者尝试提出以下几点建议。

第一，政府明确目标，制定科学发展规划，在主导的同时也引入市场力量。

首先政府制定组织农村基础设施与服务建设的工作指南，需要坚持以人民为核心，坚持可持续发展观。政府首先需要从乡镇、村落的实际发展情况出发，响应乡村振兴战略规划，为乡村的建设布局与服务水平设立合适的目标。其次规划各个部门相互协调，并统筹城乡，形成整体性发展规划，避免衔接不当。规划内容可以借鉴乡村建设较为成功的村落的发展规划，同时进行实地调查与群众讨论，吸取村民意见，最终制定出符合实际与村民要求的详细规划。防止大拆大建，避免低效配置。同时，在政府资金不足的情况下，可以通过合理的方式吸引社会资金的投入。

第二，村干部发挥带领和激励作用，合理安排和实施建设规划。村干部是国家和村民之间的桥梁，其职责包括对规划的积极实施，确立好村内管理维护机制，对于建设后的工程进行及时管护与反映等。同时还担负着监督工程建设，反映建设中出现的问题以及群众要求，做好沟通等工作。

第三，村民积极参与建设出谋划策，并能够及时反映其中存在的问题，认识到自己的主人翁身份，充分发挥主体性作用。

第四，积极发展村落经济。建设合适的村落产业，利用好村落水库、山水、文化等资源，使村民在家乡就能很好地工作、生活，吸引村民回流，缓解村落“空心化”现象。

第三章　杨溪村交通物流设施

一、引言

在中国，提及道路修建时，很多人都听过这样一句话：“要致富，先修路。”没人会否认一条道路可以为一个地区带来生命力和创造力，尤其对于偏远地区来说，一条路的修建有时就是字面意义上的“生命线”，将生存所需要的营养输送到中国毛细血管的最末端，使其不至枯竭而亡——道路为一个地区带来的最显著影响就是将其与更广阔的外部世界连接起来，产生互动，快速交通与互联网把最偏远的地方也纳入市场，每一个村庄都将面对整个世界。

2015 年 10 月 29 日，习近平总书记在党的十八届五中全会第二次全体会议上提出了“创新、协调、绿色、开放、共享”的新发展理念。而道路建设正是中国发展一直以来的核心议题。“村村通”公路建设工程是党中央、国务院“十一五”规划着力打造的一项民生工程。2006 年 6 月，为了响应国家号召，湖南省颁布了《湖南省农村公路建设管理试行办法》，对县道乡镇公路、通畅工程和通达工程从组织机构、建设标准、计划与前期工作管理、设计与招投标、工程建设与质量管理、资金筹集与管理、竣工验收做出了具体的安排。2020 年 3 月，湖南省交通运输厅印发了《推动农村通组道路全覆盖工作方案》，进一步提出“组组通”公路建设目标。每一项政策的制定与实施都切实改变了湖南省内的交通网络布局，其中也包括本次研究的田野地点沅陵县杨溪村。

“路学”作为人类学的一个独立研究领域是较晚出现的。周永明认为道路是一种特殊的空间，兼具时间性、社会性、开放性和移动性，[①]并在哈维（David Harvey）“时空压缩（time-space compression）”理论与吉登斯（Anthony Giddens）“时空延伸（time-space distanciation）”理论的基础上，提出了“时空张缩（time-space expansion-compression）”的概念，认为道路交通拓展了交往空间，压缩了交往时间。周大鸣将快速交通和互联网带来的影响概括为四个方面，即时空张缩效应、全球的链接、中间点消除效应和城乡结构的变化。[②]在方法层面，多点民族志是道路研究常用的方法，研究者往往以一条道路或一条河流为核心开展田野工作。“所有的路是因为人而赋予意义。”[③]道路交通是一个很大的议题，如果仅将其放在宏观层面去讨论则有可能远离其真实的样貌，因此我们必须将道路本身重新置于人们生活的场景中，进而讨论一条路的修建对于路周围居民生活的影响和改变。正是因为道路是一个广阔空间内的现象，所以更容易导致叙述的失重感，路两端连接的不仅是两个空间，还连接起了空间内每一个具体的人和情感。[④]在此层面上，道路的民族志写作的意义得以体现，通过研究一条路的诞生、维修以及消失，可以看到这条路上的人们的生计、交往、思想观念的转变，它不再只是某项冰冷的工程条文，而是切实发生和影响着人们日常生活的重要部分。

二、交通概况

杨溪村交通发展与两个方面的因素息息相关，即先天的自然环境以及后天的人为创造，我们可以将其理解为是交通的“自然性”与“社会性”，两者彼

① 周永明：《路学：道路、空间与文化》，7—8 页、182—183 页，重庆，重庆大学出版社，2016。
② 周大鸣：《互联网、快速交通与人类学研究转变》，载《西北民族研究》，2019（2）。
③ 周大鸣：《道路研究的意义与途经》，载《吉林师范大学学报》（人文社会科学版），2019（4）。
④ 周大鸣、马露霞：《青藏线上的城镇：路学视角下的县域实践》，载《西南民族大学学报》（人文社会科学版），2021（3）。

此纠缠难以完全切割。一方面，杨溪村独特的地理位置和地形地势造就了其水路和陆路的同时发展，也决定了杨溪村最初的交通网络样貌，在本研究中所提到的杨溪村的“交通道路”，实际是对水路和陆路的统称。另一方面，杨溪村自身的特殊历史沿革也影响着政府和村民对于道路建设的设想和实践，使之成为今时今日的样貌。可见，道路在形成之初就是一个综合性的复杂集合，既是人们对环境的适应，也是人们对环境的创造。一条路的诞生可能是因为此地的杂草矮一些、距离近一些，在千万次的踩踏后人们为它铺上了石子儿，接着清理了两边的灌木，经年之后又覆盖上沥青或水泥，于是信息、货物与人在这条路上奔流起来。

（一）自然环境

杨溪村位于沅陵县盘古乡的东南部，属于亚热带季风气候，地形以丘陵和低山地为主，地势向西面的沅水河谷倾斜，地域面积为 8.2 平方千米，全村耕地面积共 760 亩，包括 580 亩水田和 180 亩旱地；退耕还林面积达 589.1 亩，生态林面积有 7624 亩。

村内有两条重要的溪流，一条为沅水的一级支流杨溪，发源于八面山，全长 32 千米，流域面积 80 平方千米，年平均流量 1.9 立方米 / 秒；流经金华山，通过三眼桥，将杨溪村分割成两半后汇入沅水。溪流呈峡谷形，两边的植被以紫藤为主，达 120 多亩，村民将这段路称为“情缘谷”。另一条为冷水溪，因溪水触感极冷而得此名。据村民介绍，其源头为舒溪口，几经曲折后汇入杨溪。冷水溪的水流较缓，在杨溪村冷水溪组和陈家组交界的地方，通过修建水坝，形成了一个库汊养鱼的鱼塘，这也是村里最大的鱼塘。由于这两条溪流的存在，杨溪村在地理上被划分成了明显的两个部分：杨溪的北岸是原曹中坪大队，南岸则是原杨溪口大队，分别有三个自然村，形成了地理上的天然阻隔，修桥之前，河两岸的村民交往必须依靠渡船；而对于冷水溪组来说，冷水溪的存在进一步加剧了冷水溪组在地理空间上与其他组的隔绝，即使是距离它最近的陈家组，要想过去也必须渡船到河对岸后再步行许久。因此，在公路没有修建之前，由于自然的地理隔离，人们通常依靠山路进行大队内组与组之间的交往，从集镇通往陈家组和冷水溪组的公路最初的原型就是过去人们所走的山路。

水流在隔离空间的同时，其自身的流动性也成为连接空间的通道，我们可以通过语言略窥一二。溪流交错的状态形成了较为封闭的空间，因此讲“乡话”的人群沿着深溪、酉溪、舒溪、杨溪、荔溪、丑溪、要溪、蓝溪等分布在沅陵县的溪流域地区，形成了大聚居小杂居的格局；也正是因为溪流的存在，越靠近干流的地区，其交流也越便捷，往往是官话和乡话并行，会使用普通话的村民也明显增多。依靠沅水，坐落在沅水边上的杨溪村天然具有航运的条件，使其与盘古乡、沅陵县、泸溪县相关联，虽然现在水运已经衰落，但是过去村内的重要资源运输都需要依靠沅水，如食盐以及各类建材，即使陆路已经完善，对一些村民而言坐船仍然是他们的首选。

（二）历史沿革与交通

杨溪村的行政变迁与盘古乡的历史沿革关联密切，而其中有三个事件对杨溪村的影响最为深远。

第一个事件是公社时期大队的划分。这一时期该地区以杨溪为界，被划分为了曹家坪大队（1981 年更名为曹中坪大队）和杨溪口大队，1984 年公社改乡，两个大队就成为曹中坪村与杨溪口村，每个村各有 6 个小组，即曹中坪村的姜家组、胡家组、龚家组、曹家组、上易组和下易组，杨溪口村的瞿家组、学堂坪组、上陈组、下陈组、冷水溪组和和平组。这一划分基本与该地区的自然空间相一致，杨溪横隔在两个村落之间，交通上的不便使两个村子彼此隔离，也直接体现在行政划分之中；行政划分之后，两个村落的发展也呈现了各自的脉络走向。分属于不同的村落就需要不同的组织人员，也就意味着行政管理成本与增加，这在一定程度上造成了人员冗余。

第二个事件是水库移民带来的集镇建设。20 世纪 50 年代，对五强溪水电站的规划设计已经开始。1980 年，中南水利电力勘测设计院深入库区，就 120 米方案水库淹没实物指标进行调查。1986 年 2 月 11 日，经国务院批准，国家计委下达《关于湖南省五强溪水电站列入“七五”计划的批复》；5 月，沅陵县“五强溪库区移民建设指挥部”成立；7 月，舒溪口乡成立“沅陵县舒溪口移民办公室”，负责全乡移民搬迁、开发建设及管理等工作；1994 年 8 月，沅陵县八年移民搬迁结束，并于次年（1995 年）10 月撤销县“五强溪库区移民建设指挥部”，成立“沅陵县五强溪库区管理局”，“舒溪口移民办公室”亦被撤销，成立了“沅陵县舒溪口乡移民管理站”，直到 2005 年撤乡并村之前一直负责舒溪口乡的各项工程建设，包括码头、公路、电网、饮水等。这一时期，为了实现库区移民，建立了多个移民安置点，如安龙头村、现在的舒溪口村以及舒溪口集镇，这之中集镇对杨溪村的影响又尤为重要。集镇是老舒溪口村和杨溪口村移民的共同安置点，舒溪口乡政府也在此地建立，拉动了这片地区的发展，这意味着杨溪口村与行政中心之间的距离大幅缩短。2015 年，随着杨溪村委会办公楼在集镇建立，杨溪村的政治活动中心完全转移到了集镇上。

第三个事件是 2005 年的撤乡并村。随着乡政府的搬迁，信用社、派出所、财政局、移民站等也随着迁到了丑溪口，只有学校还留在集镇上。学校的保留使集镇的中心地位被部分保留，大量房屋的空缺也让集镇逐渐形成一种以学校为核心的“学校经济”，不仅是舒溪口村和杨溪村，河对岸的村子适龄儿童也会到这里上学，集镇道路的便利性也成为它的一种优势。2005 年 11 月实行的并村，即将曹中坪、杨溪口村并为杨溪村，原本的 12 个小组也被合并为 6 个小组，原曹中坪村还剩姜胡组（姜家组与胡家组合并）、龚曹组（龚家组与曹家组合并）和易家组（上易组与下易组合并），原杨溪口村还剩瞿学组（瞿家组与学堂坪组合并）、陈家组（上陈组与下陈组合并）和冷水溪组（冷水溪组与和平组合并）。这次合并奠定了现在杨溪村的格局，一方面它大大减少了组织管理的成本；另一方面两村合并以后，杨溪村的交通建设需要考虑的范围变得更大，其道路规划第一步就是使两个村子之间的距离缩短，我们可以从2005年以后杨溪村的交通建设工作看到这一过程。

三、杨溪村交通建设

通过对杨溪村自然环境和历史沿革的回顾，我们可以知道杨溪村的交通建设有以下特点：①受自然环境的影响，杨溪村的交通建设包括水路和陆路两方面的工程，且两种类型的交通都是在自然环境的基础之上逐渐形成并完善的，包括对环境的适应和改造两个层面。②杨溪村的交通建设是阶段性完成的，每一阶段的规划负责主体都不相同，与杨溪的历史沿革相关，即公社、移民局和村委会。然而具体到每一项事务中，我们又会发现其参与人员实际上具有连贯性，重点工程是在2—3代领导班子之间完成的，他们之间的关联十分紧密，阶段性的工程并没有因负责主体变更而割裂，每一项工程都切实地落实到位。③村民不是被动的承受者，他们或主动或被动地参与到道路建设之中，作为道路的最终使用者，从他们的具体行为中我们看到了道路交通与人的交织，而非单向的施加。

（一）水路交通设施

1. 桥

（1）人行桥

1993年赶子溪人行桥修建。其建设受到五强溪水库的影响，现在该人行桥已不再使用。一位爷爷描述了赶子溪人行桥：

赶子溪那个桥是没有修水库（五强溪）之前就有了，因为那个溪，下雨人走不过去，就是办五强溪水库的时候，原先可以走河边，但是五强溪水库办了之后就不能走了。五强溪水库把河边矮的地方淹了，要走高处了，就不能过那个溪，就修桥了。新的那条桥是在修那个路的时候修的，扶贫的时候修的新公路。

1998年开始修建杨溪人行桥，2000年通车，沟通曹中坪与杨溪口两个大队。选址的原因是跨度小，工程量小，并且对比易家组，陈家组的地势低一些。杨溪人行桥也属于移民工程。易家组长评价人行桥说：

没修好之前曹中坪这边过不去，外面有一个渡船，用来过渡那就不太方便嘛，现在修了桥运材料方便多了。

（2）公路桥

2018年杨溪大桥动工，2019年11月杨溪大桥落成通车。据资料介绍该桥长106米，宽7米，属于扶贫项目，附属设施花费23万元，总投资近300万元。通车后，曹中坪与杨溪口实现了通车，同时从舒溪口集镇通往沅陵县城的车路也实现了通车。对于村民来说，这大大方便了他们的生活，去集镇看病、陪读、读书、搭车赶集等的路程缩短，同时流动卖肉卖菜摊贩都可以来到村庄内，村民生活便利程度有了很大提高。

杨溪村的桥主要有两座（如表3-1），都是为了连接被杨溪隔开的两岸。除此之外，还有与水坝一起修建的桥，其修建的主要目的是拦截河水以形成一个鱼塘用于创收。如陈家组对冷水溪的拦截形成的库汊鱼塘，其鱼坝上的人行桥修建的时间是村内最早的，可以追溯到1997年，类似这样的“鱼坝桥”村里有3座，但对杨溪村影响最大的还是跨越杨溪的人行桥和杨溪大桥。

表 3–1　杨溪村桥一览表

名称	位置	修建时间
人行桥	连接杨溪两岸	1998 年修建，2000 年通行
杨溪大桥	连接杨溪两岸	2018 年修建，2019 年 11 月通车

资料来源：实地考察与村民访谈。

杨溪大桥采用双向两车道及四级公路技术标准。没有杨溪大桥时，人们的行走路线在当前乡道的下方，沿沅江向前进入集镇；去陈家组则沿着杨溪走，从码头进入。同样，沿着杨溪可以进入冷水溪的支流并从码头的地方进入冷水溪组；现在从集镇通往陈家组和冷水溪组的公路过去是山路，非常狭窄，毛坯路于 1996 年建设完成，硬化工程 2010 年完成。原本沿溪的路在水库修建后由于水位上升被淹没。没有桥之前曹中坪到杨溪口依靠渡船通行，由于过去水位不高，在枯水期有时可以直接走路过河。

通过这两座桥，被杨溪隔开的两个地区可以进行更有效的交流，人与物之间的互通也更加顺畅，从筲箕湾来的流动商贩也更频繁地进入曹中坪地区，为不方便出行的村民带来日常生活所需的蔬菜和肉食。

2. 码头

码头建设是水路建设的重点，表 3–2 展示了杨溪村包括集镇在内的码头修建情况，可以发现它们都是在水库移民后修建的，并非因为杨溪村没有船运，而是因为在移民之前，村民所使用的是渡口而非码头，主要是用于跨越沅水和杨溪，对货运码头的需求不高。修建码头最重要的功能是用于客船的乘坐，后期对码头进行了重新维修，一方面为了提高其工程质量，另一方面是为了使村民在乘船时能够更加舒适，如在集镇大码头下行的路段中留出一片空地是为了让带着货物的村民可以更方便，并且有一个休息的地方。此外斜着延伸出去的新的码头路段也方便村民去钓鱼。

表 3–2　杨溪村码头情况表

地址	修建时间	数量（个）	项目资金来源	现状
新集镇	1993—1994 年	1	初建：移民 修建：扶贫	使用
翟学组	1996—1997 年	1	初建：移民 修建：扶贫	使用
陈家组	2002 年	1	/	使用
龚曹组	2008 年	2	扶贫	龚家使用 曹家废弃
姜胡组	胡家 2010 年 姜家 2011 年	2	扶贫	使用
冷水溪组	/	1	/	废弃
易家组	20 世纪 90 年代	1	初建：移民 修建：扶贫	废弃

注：以上内容均根据当地村民口述整理。

事实上，杨溪村码头的另一个重要的功能与村民的日常生活息息相关，如洗衣、洗菜、挑水、灌溉等。村民往往是早上去地里摘了新鲜的菜后，在返途中停留于码头边洗菜；而在炎热的夏季，每天的午饭后码头边都会聚满人，家长带着孩子学习游泳，三两朋友之间戏水打闹。随着公路的修建，航运在杨溪村不可避免地衰落，但是码头依然以另外的方式深深地渗透进村民的日常生活之中。

《盘古乡志》记载："盘古乡自古为泸溪至沅陵的重要水运中转站，舒溪口建有客货码头，是沅水支流重要的物资集散地。1949 年后至 20 世纪 70 年代初，境域有社办货运船队，大小木帆船七八只，载重 20 ~ 40 吨不等，逆水拉纤，上至泸溪、辰溪、洪江。顺水摇橹，下至桃源、常德、津市。上下客运往来为划桨、竹篙撑船及拉纤，一般载客 20 人左右，线路上至泸溪、浦市、辰溪，下至沅陵县城。20 世纪 80 年代始，货运逐步改为机船，由县航运公司独家经营。

80年代中期，集体货运船队解体，个体客货运输兴起。1988年，有个体客船32艘、货船74艘，大小划子465只。2005年，舒溪口及沿河两岸码头17处，有客货船294只往返盘古至沅陵、舒溪口、泸溪之间。2011年，乡境有客货运码头26余处，有客运船57只，日均发送客运船19只，日客运量约400人次。货运船37只，货运总量0.7万吨。2015年，有个体客运船只48只、货船42只、渡船12只、农用小船207只。”可以看出，杨溪村之前的水运相当发达，一位瞿家组张姓婆婆回忆道：

> 那时候还没有（现在这样）码头，都是那些小码头，以前那种老古码头，很老的，几百年的码头。后来在五强溪修水库了，把我们这里淹了，后来淹烂了，就建新码头，上面拨的款嘛。以前老古的时候，有人住就有码头。

自2020年禁渔以来，杨溪村的农用小船都废弃了，只保留了两艘客运船。农家小船论斤回收，10元一斤，但渔业队的村民可以得到每人1万—2万元的补偿。像冷水溪和易家的码头基本已经废弃了。一些码头现在搭乘的人也比较少，一方面是因为村里大部分人出去打工了，另一方面桥和水的潮汛期阻碍了船只通行。刘老板说的一句话也很有道理：

> 为什么不用，他们都打了有井，洗衣服什么的就不去下面了，过去码头还会用来洗衣服、洗菜之类的，供他们方便的。

在冷水溪和易家去河边洗东西的人比较少，但在新集镇，瞿学组的人家还保持着这个习惯。在河边我们常常能够遇见在码头洗东西的村民，有时候他们清晨或是割完马齿苋回来，背着一背篓整齐的一茬一茬的可口青菜，来到码头，将马齿苋铺在水里和码头阶梯上，或是洗芝麻叶子准备做酸菜，或是到河边浣洗大件衣物以及成桶成桶的鞋子。村民也保持着到码头洗冷水澡的习惯，每到盛夏傍晚，都有妈妈带着三四个小孩，带上救生衣、游泳圈，一起到码头游泳戏水，而成年男性和男孩子们则会选择相距远一些的地方成群玩水。码头对于他们来说，不只是一个搭船的地方，而是连接着生活中的出行、资源、娱乐等，水边生活的习惯让码头的意义也更加丰富多样，是村民的生活之地、休闲之地、四通八达之地、远航之地。虽然杨溪村的水运没有以前那么发达，但码头始终是人们心中不可缺少的一部分。

（二）陆路建设

1. 人行路

人行路就是建一条小水泥路到每家家门口。杨溪村人行路的修建得益于2018—2019年的扶贫项目，进而实现了六个组全覆盖，全长6200米。与公路修建相同，人行路的修建也需要在固定的预算中完成，由于这些工程通常都属于政府规划，对于道路的宽度、硬度等都有相应的要求，但在实际修建过程中，工程设计师都会因地制宜采取符合当地的道路规划，一些坡太陡的组往往会修大量的阶梯以解决而不是简单地在坡地上打水泥，但这样的建设所需要的预算则会增加；而田埂旁的家户外的人行路只需在田埂上铺一层水泥使其更加牢固即可。在田野调查期间，有一户村民至今还为修到自己家门口的水泥路需要自己出钱而耿耿于怀。

当时该项目由刘老板承包，负责一系列修建工作。刘老板阐述了该项目的预算与修建的实际情况：

> 这个路上面扶贫有规定，有1米宽，1米只有几十块钱，做宽了没有钱，最窄的有80厘米，搞宽了你搞不完的，资金是固定的，当

时都量过的，一米多少钱都是确定的，工程预算都做过的。工程预算我们自己做的，就用皮尺量，根据村民意见，要走哪里，户与户之间要怎样走我们就怎样修。经常走的路就搞，不常走的话就不搞，预算是按路算。有时候一户人就要修一两百米，有的只有几米，那就不能按户算，再远都要修的，只有一户老房子也修的。我们是那个钱拨下来之后做预算修路，老百姓自己做不好，所以请我们来承包，他自己没有能力搞。

当时的修建顺序是村里决定的，都是同一年修的，从瞿学组开始，冷水溪、陈家、龚家、易家、姜胡这样顺着修过去的。由于各个组的地形不一样，路修也有些不同。姜胡那边台阶特别多，因为他们住得高一些，太陡不修台阶就走不上去。冷水溪那边修得比较长，但都是在预算里完成的。要是预算里没办法完成路的话就只能算了，有些农户是自己垫然后修一点。而像冷水溪村有三户人家没搞，他们那个交通太不方便了，没钱再给他们修过去了，不是怕难修，而是扶贫资金只有那么一点儿。

修路并不是一帆风顺，也遇到了一些困难：

没修之前这里都是泥巴路。修的时候也不容易，都是人工挑的，水泥车只能到下面，上去就要人工挑。也有用马背的，太远的就用马背，冷水溪就是；陈家组鱼塘下面很远的那两户也是用马背的，为了那两户修了300多米，他们是老户了，没办法。最后总体上人行路的修建还是完成了，虽然部分村民觉得这个路不能通车，运送东西去山上还是要用背篓背，但大部分村民说，下雨天好走多了，不会打滑，没有泥，还方便打扫。基本解决了村内道路泥泞、村户之间村民出行不便等问题。

2. 公路

表 3–3　杨溪村道路情况表

路段	毛坯路修建时间	硬化时间	范围	资金来源	备注
新舒溪口乡集镇	1993—1994 年	2007—2008 年	舒溪口至五里山与 319 国道（筲箕湾镇）	国家	衔接 18 千米
旧舒溪口集镇	1988—1997 年	2007—2008 年	舒溪口集镇至 319 国道五里山	国家	12 千米公路连通
易家组	2012 年	2019 年	新集镇到易家至某高速路	国家	
陈家（旧乡道）	1994—1995 年	2010 年	新集镇到陈家	毛坯，部分国家，部分组上筹钱，硬化国家公路局出钱	造价每千米 8 万元
冷水溪	1994—1995 年	2010 年	新集镇到冷水溪	毛坯，部分国家，部分组上筹钱，硬化国家公路局出钱	造价每千米 8 万元
陈家（新乡道）	2010 年	2018 年	新集镇到陈家	国家	
龚曹	2008—2012 年	2018 年	新集镇到龚曹再到姜胡	国家	有协议
姜胡	2013 年	2018 年	新集镇到姜胡通向荔溪口	国家	有协议，姜胡通向荔溪口道路归属荔溪口
大码头	不详	2019 年	大码头到陈家	国家	
栗树冲水库	2013 年		易家到栗树冲水库	国家	有协议,未硬化
葡萄园道路硬化	不详	2018 年	新集镇到葡萄园	扶贫 10 万元	长 278 米，宽 3.5 米，高 0.18 米（实际与计划有一些出入）
冷水溪公路鱼坝	1997—1998 年	/	陈家通冷水溪	移民	这条路并没有修成，现为集体产业，鱼塘承包给易老板，每年 7000 元

续表

路段	毛坯路修建时间	硬化时间	范围	资金来源	备注
瞿学组公路鱼坝	2010 年	2018 年	瞿学组通陈家和曹中坪	国家扶贫项目	现为集体产业，鱼塘承包给易老板。其建筑材料使用之前从杨溪口往曹中坪一座石桥的拆卸石料
曹家胡家交界公路鱼坝	2013 年	2018 年	曹家通往胡家，拦栗树冲水库流下来通往沅水的溪流	国家扶贫项目	村集体产业，2014 年建成鱼塘，李 AG 承包，上有一座移民时期建立的人行桥
陈家人行路鱼坝	2017 年	/	陈家人行道通向码头	国家扶贫项目	围成鱼塘，为陈老书记私人鱼塘
姜胡交界公路鱼坝	2013 年	2018 年	胡家通往姜家，拦赶子溪	国家扶贫项目	围成鱼塘为姜主任承包，已不再使用

修集镇通往陈家与冷水溪的路时正值国家要求修建乡村大道。这条路当时有三段，从垃圾场三岔路那里分段，集镇到岔路由集镇负责，陈家负责岔路之后通往陈家的部分，通往冷水溪的部分就是冷水溪负责。当时村规划希望运用冷水溪鱼坝使陈家与冷水溪相通，最终因为部分村民反对、位置不恰当等原因作罢。当时部分资金是五强溪损坏田地、电站的补偿费，部分是村民凑钱修的毛坯路。出钱时也有一些纠纷，陈家组长讲述了当时的情景：

有意见那也没办法，要通路啊，就开会、调解，给他们宣传，通这个路对自己有好处，有些不想出那个钱的，后来慢慢地大队上的人给他们做工作，都出钱了。那时候我们还不是六个组，易家村、曹、胡都不是我们的人，它上面是个村，下面是另一个村，后面是并乡了。所以当时是我们杨溪口村凑的钱，曹中坪的没凑，主要就是我们陈家和冷水溪。我们陈家是凑钱出得多些，集镇那里我们就出一半的钱。

陈家一位爷爷也对当时修路印象深刻：

> 通路的时候我们自己修，也没有工资，上面也补了钱，就是那个炸药钱，挖石头都没有机器，挖掘前就没有，炸药炸了，然后铁锹撬。这条路是我们自己掏钱修的，后来请人修的，我们自己没有那些工具，要请人来打混凝土、硬化。

修路一般会占用农民田地。2013 年，龚曹组就处理过公路占田地、屋地的问题。陈老书记当时主持修建这条毛坯路，协调村民与承包商，与村民协商补偿的问题，并留下了村民签字的文件。协议要求路段达到 5 米宽，109 米水位以上，每个组留下停车位，其中占用田地、损坏的种植物没有任何形式的补偿，从易家到栗树冲水库修建的毛坯路也是如此规定。此外，因为是村里的公共事业，按照承包合同，将曹家的松树林承包给村里的一个承包商，然后才得以修建公路。

当地的道路维修情况一般发生在塌方、山体滑坡等灾害造成道路损害时，由村委上报，政府出资金或者安排人员进行维修和护理。

表 3–4　杨溪村公路建设一览表

路段	修建时间
舒溪口—集镇（乡道 408）	1994 年修毛坯路，2008/2009 年硬化
集镇—冷水溪组（旧路，走山路）	1994—1995 年修毛坯路，2010 年硬化
集镇—陈家组（旧路，走山路）	1994/1995 年修毛坯路，2010 年硬化
集镇—陈家组（新修路段，靠近杨溪）	2010 年修毛坯路，2019 年硬化
集镇—过杨溪—易家组	2008 年修毛坯路，2018 年硬化
集镇—过杨溪—龚曹组—姜胡组	2008 年修毛坯路，2018 年硬化
集镇—瞿学组	2018 年修毛坯路，2019 年硬化
姜胡组—荔溪口	2019 年修毛坯路并紧接着硬化，2020 年完成

资料来源：村委会资料以及村民访谈。

从表 3–4 我们可以看出，杨溪村当前的公路网络是在最近 20 多年里完成的，大致可以分为三个阶段，即泥路—毛坯路—硬化公路；修建的顺序大致为舒溪口集镇—杨溪口—曹中坪，从外向内进行。

杨溪口村的公路建设有如下特点：一是从山路到公路。集镇到陈家组有两条路可以选择，即一条是 1994 年修的老路，是沿着过去人们行走的山路拓宽硬化而成的；另一条是 2010 年修的新路，沿着沅水连接了集镇—陈家—曹中坪。相较于前者，后者的路况更好，距离也更近。一方面，加强了杨溪村组与组之间的联系，尤其是对于曹中坪的三个组，公路与桥的修建，使他们可以缩短原本的路程时间去到更远的地方，有时这关系到人们的生命，一位村民说：

（被蛇咬之后）我们这里没有血清，血清要到沅陵，被咬了要开车送到沅陵；过去的话就是开船，时间上来不及，去的话好多人（路上）就都死了。

另一方面，这条路实际上与冷水溪组无关，与冷水溪关联的只有过去沿山路修建的老路，老路从距离和路况上来说都不够好，虽然这条路也连接着陈家组，却并未打通陈家组与冷水溪组的阻隔，因此冷水溪组一定程度上被排除在了交通网络之外，车路与水路都不够完全。

二是修建道路的资金来源是政府拨款，通过招标找到工程承包人在预算内完成建设。承包了杨溪村公路化工程的老板告诉笔者：

工程队是我们自己组织的，从泸溪来的，有工程的时候我就通知他们，一个工程大概做几个月，他们就住在集镇上，租房子，就在下面码头那个高房子那里。工程队有 20 多个人，住宿、饮食都是我负责……（预算和结款）不能有出入，都是在预算里完成的。要是预算里没办法完成路的话就只能算了，比方说想修3千米，拨了20万元钱，要是你完不成任务，那也是没办法，有些农户还得自己垫然后修一点。

在预算不够或没有政府拨款时，村内的公路修建都需要依靠村民集资，村委会一家家去协调，不愿意出钱的农户，村民的配合度决定道路的修建成功与否，如村委会原本打算通过库汊鱼塘的鱼坝桥连接起陈家组和冷水溪组，但沿路的村民一方面不愿意出钱，另一方面不愿意道路侵占自己的农田，于是这条路就没能修起来，冷水溪组在交通上一直较为孤立。

四、交通与经济

交通建设把一个地方和更广阔的世界连接起来，在所有的交流中，一条路对人们最重要的意义还是经济层面的，况且道路的修建原本就是为了改善当地的经济状况。在杨溪村，道路包含着水路和陆路双层含义，交通与经济的缠绕也可以从两部分去讨论，即水路带来的船只经济和陆路带来的车辆经济。除此之外，施坚雅的理论向我们展示了集市作为村落研究的一种方法，通过集市的层级结构，人们投入更大的市场之中，传统封闭的村庄已经不复存在，而这一切的基础正是交通建设。下文我们就从船只、车辆以及集市三个方面去考察杨溪村交通与经济之间的关系。

（一）船只经济

1. 货船

在今天，杨溪村已经没有固定用于拉货的货船了，通常是家里的自用船或农用船承担了运货的角色，一般是安装了发动机的木船，只需要操纵方向盘就可以运行，较为简单。过去的货船运送的货物主要是建材，如自己家修房子需要的沙石、砖块、水泥等，仅用于满足自己家的需求，偶尔会帮别人拉货并收取一定的费用，但总体而言，杨溪村的船运并没有发展成为一种贸易形式，一方面是因为这里没有如矿产、食盐之类的资源，不能作为货源地发展，另一方面是因为杨溪村的经济发展和需求不高，不能作为最终销售地，公路发展中的“中间消除效应”在航运中也同样适用，从杨溪村的码头规格和使用现状我们也可以得到同样的信息。

此外，随着公路建设的进行，用汽车运送建材成为更好的选择，原本即使用船运货也是“车运转船运，船运转马运”，而不能只依靠开船，装货和卸货都需要其他方式，而汽车运输则要方便快捷许多，不仅是距离上的，运输的难易程度也大大降低。一位船夫在描述自己过去拉货的场景时讲述了运货的不易，因为货船不能载人，所以每次拉货都是一个人出发，“我有一次去泸溪拉砖，那天风大，浪也大，好危险，差点儿翻了”。同样，大雾天气船夫们也都不会出行。

2. 客船

相较于货船，杨溪村的客船要更多一些，从表3–5中了解到的杨溪村的客运情况。

表3–5　杨溪村客船情况

船主所属	航线	收费情况（单程）
舒溪口	集镇—沅陵	10元
姜胡组	曹中坪—丑溪口（赶集船）	3元
易家组	集镇—泸溪（赶集那天去丑溪口）	依据路程决定
董家坪	董家坪—集镇—丑溪口	5元
刘家村	集镇—泸溪	/
三洲	三洲—集镇—泸溪	/

资料来源：村民访谈。

在田野中笔者了解到，杨溪村的船只通常是船主请人制作的，一艘船的造价高达上万元，而开客运的船主都经历了从木船换为铁船的过程，木船主要是作为货船和渡船在使用，铁船的航行速度更快、空间更大，可以乘载更多的客人，但是维修费用也随之上升。从表中也可以看出，客船的收费较低且每天只航行一次，即使往返每个乘客最多也仅收入 20 元，而只在赶集日出船的赶集船每周最多行驶两次，所以开客船的收入并不高。村内的船夫大都是老年人，没有年轻人愿意选择开船，就像那位船夫说的："小孩开船有几个钱呢！小孩去外面打工啊，我们一年都搞不到他一个月的钱。"这位船夫告诉笔者：

我们现在开这个船都是不容易的，你想去上面换那个手续，要检查身体，要考试，考试以后就是说，我们每年都要交 2000 块钱的保险费，保人的保险费。我们船上有座位嘛，我那条船有 25 个座位，那你就要保 26 个人的保险嘛，一人 100 一年就是 2600 元。

开始我们住在河边就会开船，但是后来要办驾驶证，考试，考上了就可以有证，考不上就没证，都要证的。那时候你上船开几次就知道的，往哪边开都了解了。那个证可能是我开一两年就考上了，二十几岁考的。没有证开不了车嘛，海事会来查证，就在码头上查你。考试之前要学习几天。我父亲也是开船的，原先在乡镇那里，他会开但是没证，那时候不要证。开船的执照是在沅陵海事考的，要先培训，考了才有执照，不然就是黑船，会被抓。考试你还要生活费，因为你要在那里待好几天，要住宿要吃饭。补考的话还要重新培训再考试。

在田野中笔者了解到，客船与农用船不同，必须通过海事局的考试拿到驾驶证才可以运行，每一艘客船都有统一的编号。每年船夫都需要更换驾照，更换不需要手续费，但要重新体检，如果身体不好就不允许继续开船；到了 70 岁以后，则不能继续更换驾照。没有驾照却依然开船载客，就属于黑船，在荔溪就有几条黑船会在丑溪口赶集日载客。客船驾驶的种种限制，加上其收入有限是年轻人不愿意继续开客船的重要原因，而现在还在开船的船夫也表示，如果他到 70 岁不能继续开船的话就把船卖了，并不希望自己的孩子继续开船。

（我）开了 20 年了，从舒溪口到沅陵，每天开两趟，清早去下午来，开到沅陵后就在沅陵等待然后送他们回来。原来我是 1 点钟回来，后来通车之后就改时间了，改到 12 点半了，现在的人少了，都坐车去了，村里有公交车了，而且私家车也多，所以我们没有生意，12 点半就回来了。以前我们这里没通车，有六七条船，12 点一趟、1 点一趟，我天天都开 1 点的那趟，有时候人太多了我就开 2 点的。后来通车我就改到 1 点，后来又改到了 12 点半。

在过去，杨溪的公路建设还不完善时，路面都是泥巴与尘土，路面状况很糟糕，人们出行会选择坐船，但随着公路建设的完善以及私家车数量的增多，选择坐船的人越来越少，客船的市场也开始萎缩，一方面客船的出发时间尽量与客运避开，另一方面由于市场的缩小，客船的竞争加大，许多客船在竞争中消失了，过去易家组有两家开船的，现在也只剩下一家。

虽然客船的生存境况十分不易，但是对于沅水两岸的人民来说，客船是必不可少的存在，乡政府搬迁到丑溪口后，居住在杨溪村的人必须依靠客船才能跨过沅水到乡政府、信用社等办事机关。此外，从客船的航线来看，每艘船与至少 3 个地方的村落相关联，且乘客大多是老人与孩子，他们需要依靠船来丑溪口赶集，他们购买的多是生活必需品，如水、牛奶、米等，也有出售多余蔬菜的村民，对于他们来说，客船的航行就是最便利的出行方案。

3. 渔船

杨溪村的捕鱼业是从五强溪水电站关闸那一年开始的，农田被淹没，水位开始上升，加之对船只的管制变严，而农用船不需要考驾照，所以许多从前用于运货的木船在重新安装发动机之后成为家用渔船。在杨溪村打鱼最旺盛的时候，沅水上有四五十艘船，沅陵县的渔业队也会到此河段打鱼，回忆起这些场景时，村民反复感叹当时的热闹气氛。

渔船通常 10 米长，船舱 1.2 米长、50 厘米高，大部分是木船。有些是自制，有些则请人制作；一条船的制作时间大概在半个月内，总造价 1 万元左右。从清明节到 7 月中旬，是捕鱼的旺季，在河里捕到的鱼会被卖到丑溪口、筲箕湾、沅陵甚至外省。船夫会在收鱼之前给收购商打电话，对方就会开船过来收货，捞上来的鱼当天就能被卖掉。鱼的品种不同价格也不同，普通鱼种价位在 25—30 元 / 斤，特殊的鱼种可以卖到近百元一斤。曹中坪的捕鱼业要比杨溪口更繁荣，但对于曹中坪的村民来说，捕鱼并不是他们的主要收入，通常他们只在捕鱼期捕鱼，其余时间还是会选择外出务工，对他们来说，捕鱼只是副业，即使在捕鱼期，每天用于捕鱼的时间在晚上和凌晨，白天时间他们还需要去田地里工作。

为了响应国家号召，保护长江流域渔业资源，2020 年上半年杨溪村对禁渔进行了宣传动员，下半年开始收缴相关的捕鱼工具，在 2021 年初全面禁渔。一位村民回忆道：“去年就不让打鱼了，也是去年收东西，一家一家来收，这些村委会都清清楚楚的。称好了就放火烧了，还要拍照。我那只船买的时候花了 2 万多，我卖的时候得了 2000 块。”在这样的政策之下，杨溪村过去热闹的打鱼场景已经消失不见，过去的渔船要么成为农用船渡河，要么闲置在河岸上随意地用布料遮挡或者干脆暴晒于日光下。

4. 挖沙船

建立挖沙场的原因与杭瑞高速的修建相关，对大量沙石的需求以及清理河道的需要刺激了挖沙业产生，杨溪村目前有一户人家从事挖沙业。挖沙大致分为两部分：挖沙与运沙。挖沙船固定在一个地方，依靠运输船搬运，除了直接将运输船上的沙石出售给工程用地外，为了储存以及方便小规模出售给村民还开办了沙场，面向的客户在整个沅陵县，有时也包括常德地区。

（二）车辆经济

1. 货运

车辆货运的发展与杨溪村的公路建设息息相关，在公路没开通之前，村民们只能依靠步行与外界联系。1988—1997 年，丑溪口至沙金滩、舒溪口集镇至 319 国道五里山 12 千米公路连通；2007 年，舒溪口至 319 国道公路硬化同时通行到各组的路开始拓宽，而这一时期的货运车辆也逐渐增多，主要原因是为了修路搬运建材，在道路修建暂缓时，货运的主要功能则是运送各种房屋建材，而这两种功能同样都具有暂时性，与如国道上通行不休的货运经济不同。

随着道路修建外来流动商贩明显增多。进村的商贩通常来自筲箕湾，沿着修好的公路沿途停留出售商品，每天至少有两家商贩进村，在筲箕湾赶集日则会减少。除了卖蔬菜、水果和肉类，也有一些卖冰糕、凉粉、米酒等商品的车辆。这些流动商贩的存在，使杨溪村村民可以更便利地满足日常所需，尤其对于村内一些出行不便的老人，他们可以通行到各组直接服务于大量村民。但从其中我们也可以看出杨溪村缺乏内在的生产力，公路的修建使其更加依赖外部世界。

2. 客运

（1）杨溪村客运情况

2007 年，舒溪口至 319 国道公路硬化。2008 年，设舒溪口至沅陵客运站，日发往返客车各 1 班。国家拨专款在新集镇也建立了一个客运站，但 2010 年才有了两辆客车，客运站提供了停车位，其运营情况如表 3–6 所示。车都是私人所有，但要服从交通局规定，不准乱收费，国家只收他们的座位费和保险费，然后要向运输公司上交管理费，并按运输公司规定的路线跑车。前期是飞达公司在管理，后面该公司被乡运公司收购，客运站就归国企管理了。

2008 年，集镇的公路开始硬化并在集镇上建立了客运站；2010 年，集镇上出现客运司机，现在共有两辆客车在集镇运行（详见表 3–6）。

表 3–6　杨溪村客运情况

类型	路线	出发时间	票价（单程）
白色客车	集镇—沅陵	6：00	15 元
红色客车	集镇—沅陵	7：00	10 元

资料来源：村民访谈。

白色客车司机姓杨，三洲人，从 2010 年起就在杨溪村开客运。最初杨师傅和另外一位司机各自运营自己的车辆。客车每 8 年需要重新更换，另一位司机开了 4 年后，因村子人少就不再继续开车，因此杨溪村就只有杨师傅一人开车，现在开的这辆白色客车是他的第二辆车，刚换 3 年。红色客车师傅姓姜，舒溪口人，原本一直开小车拉人，2021 年初买了客车，与杨师傅一样，二人的客车均属于沅陵县飞达道路运输服务有限责任公司，客车的购买及后期的管理都由飞达公司负责并受湖南怀化公路运输（湘运）管理。

杨师傅通常在早上发车，到达沅陵后返回，在下午 2—3 点抵达新集镇。村民去赶集通常会坐他的车，也有村民让他帮忙从县城带回一些东西。姜师傅和杨师傅跑同样的线路，但是乘客并不多。这里从舒溪口到沅陵的客车相当于村公交，拓展了杨溪村对外交通网络。

（2）私家车对客运的冲击

表 3–7　杨溪村私家车类型与数量

车型	摩托车	三轮车	拖拉机	小车	小货车	中巴	合计
数量	11	5	1	12	1	1	31
占比	35%	16%	3%	39%	3%	3%	100%

资料来源：村委会资料。

表 3–8　杨溪村私家车各组分布统计表

组别	集镇	瞿学组	陈家组	冷水溪组	易家组	龚曹组	姜胡组	合计
数量	13	4	2	3	4	4	1	31
占比	42%	13%	6%	10%	13%	13%	3%	100%

资料来源：村委会资料。

对于客运来说，受到的最大冲击来自私家车数量的增长，导致客流量减小，从表 3–7、3–8 可以看出，杨溪村的私家车以小车和摩托车为主，且大多集中在集镇上，这对集镇的客运来说是一种压力，尤其是在寒暑假，集镇上的客流量就会更少。

私家车买的多了之后，这个生意影响还是大的。私家车就是最近这两三年。春节私家车回来的多，这附近几乎都是车子，打工那些都会自己开车回来……生意其实不怎么好，因为这边也没什么特产，没什么单位，就是这个学校。学校以前放假的时候好多老师啊，现在几乎没老师坐车，因为自己都有私家车，没有私家车的也是你带几个我带几个就都去啦。以前放假的时候好多老师，现在就没有了。那别人有钱买私家车你也不能控制别人嘛。

3. 快递业

（1）邮政

邮局建在集镇上已经有 20 多年，在乡政府搬迁前就存在，但是为了舒溪口和杨溪的邮政通行顺畅，他们没有随乡政府一起搬离。邮局的快递业务是最近两年开始的，年轻人都会在网上购物，尤其在开学期间每天都有大量快递需要处理。开客运的杨师傅每天从沅陵将快递运到集镇上，对快递进行分拣后，工作人员会用电话通知村民来取包裹，如果不能来取需要亲自送过去。邮局的工作人员实际只有一位，他与妻子一起生活在集镇上，按月发工资，每天的工作就是清快递、分快递、记录、打卡、打电话通知以及送快递。邮局的快递业务范围很广，对岸的董家坪也会把快递寄到这里，有时甚至到了泸溪的交界，因为是原本舒溪口乡的邮局，所以只要地址填到了这里，多远都需要送过去。

（2）私人快递业

杨溪村的物流快递点有两个，一个是2021年在舒溪口老集镇的新的快递网点，收除邮政之外的快递，本文称之为普通快递，以和邮政进行区分；另一个是驻扎新集镇舒溪口九校对面的邮政快递点。与邮政快递不同，私人快递需要对每件货物进行收费，通常是3元，其中快递站点收走2元，运输快递的姜姐收走1元。姜姐是舒溪口人，她自己还有一个小卖部，由于经常去筲箕湾进货，因此常帮人带快递，慢慢就形成了一个固定的圈子。在与筲箕湾的快递站点商量后，由姜姐负责舒溪口、杨溪以及其他村落的快递代送业务，筲箕湾的中通、圆通、顺丰、百世、韵达、申通业务都由她负责。在一个微信群中，村民们可以告诉她是否有快递需要取，这个群的人数有300多人，几乎每天都有相关的快递事务。此外，在这个群里，姜姐还经营着一个名为“兴盛优选”的业务，可以帮村民代购新鲜时蔬、零食或生活用品，她一般上午8点出发取货，往返需要两三个小时。

这个快递点顺利建设基于通达的道路硬化。同时这个快递点也使得杨溪村人可以便利地取快递，使得没有车或不能开车出门的村民也可以享受到网购的便捷，对于完善当地的物流网络、提高村民的生活水平、进入现代化生活有极大意义。

邮政快递最早出现在民国时期。文献记载：“民国时期，丑溪口、舒溪口、荔溪口建有邮政转发客栈。1949年后，境域设邮政代办点2个，负责日常信件传递及报刊发行，乡邮递员7—10天至各生产大队送递1次，隶属人民公社管理。1986年，设丑溪口、舒溪口邮电所，隶属太常邮电支局。1995年邮政、电信分家，境设2个邮政代办点。2015年，乡境有邮代办点2处，邮政网点11个。”[①]新集镇的邮政快递由石木一家负责，石木受雇于邮政公司，每月工资3000元。公司安排住的地方，同时给快递点挂了牌子，设立条约、监控、绿色信箱等。邮政以前寄信、寄东西，现在卖农药、稻谷谷种，还有保险、储蓄等业务。石木负责的这个站点主要是快递信件，虽然好多年都没人来寄信了，但是信箱里有监控，需要隔一段时间打开一下。在他看来店里店外监控的作用是监督工作。公司规定他周一、周三、周五营业时间必须在快递点，不能出去。上班实行打卡制，打卡是根据卫星定位进行打卡，需要他跑到特定的地点。

石木1988年就开始做邮政快递工作了，移民之前在老集镇，移民之后搬到了新集镇。他负责的范围是杨溪村和舒溪口村，每一个乡镇都有一个邮政点，杨溪村附近的就是石木的邮政点。一般他的工作是接货、登记保存记录和送货。石木把取货任务承包给了每天都去县城的客车司机，一年几千元，车子每天一般在下午2—3点回来，他只需要等着接货，有时候也有船送一些快递过来。除了用单位发的手机进行扫描记录，他还需要在纸质表格上进行登记保存。送货一般远的地方需要送，近的地方打电话叫顾客自己来拿，不收取费用。像法院、律师所的信件，还有录取通知书、身份证、准考证等，就必须亲自送到收件人手上，不能放在村委会。石木用摩托车送货，现在的摩托车买了十几年了。在没有买车之前，他都是走路去。在当地的快递工作主要是收货、寄货。石木说：

> 没什么人寄，一般进来得多，都是从网上买的东西啊，还有就是下半年在外面打工的不回来，家里的寄一点东西过去。

虽然石木做快递工作，但是在网上买东西的快递还是需要舒溪口的姜姐去做，因为大家使用邮政快递的还是比较少，但就速度而言，石木说邮政三到四

① 盘古乡政府：《盘古乡简志》，未出版，2021。

天也是可以到的。这几年开始乡里的快递才逐渐多起来，以前常常是外出打工的村民寄一些衣服回来，但是现在寄的东西五花八门。

两个快递点都受到学校开学与放假周期的影响，同时也体现着杨溪村交通的变化，以及经济的发展、现代化进程等对于村民的影响，人们的消费方式与观念都在发生着转变。

对内交通，如村内各组的村公路以及人行路都修好了，并且能够通过新桥顺利到达集镇；对外交通，现在村公路已经可以直接到沅陵，也有村上的客运车定时往返，同时通向筲箕湾的道路也十分畅通。易家组那边的公路，村委也在尝试修建到三眼桥，接通高速路。车路畅通后也有更多流动摊贩进入杨溪村，为村民提供产品服务。依托现有道路和公共交通，杨溪村的物流点实现全覆盖。同时码头的维保护，船运上至泸溪、辰溪、洪江，下至桃源、常德、津市。对外地交通网络有望实现城乡互通，杨溪村的出行条件得到了较好的改善。

道路硬化之后，买车的人就开始多了起来。据统计，杨溪村有 12 辆小车、1 辆小货车、1 辆中巴、12 辆摩托车、5 辆三轮车、1 辆拖拉机。虽然数量不多，但是在大部分年轻人外出务工的情况下，也可以看出人们的出行工具逐渐多样化。村民的运输工具也发生了很大变化，如修建房子，从泸溪、白沙等地买好建筑材料，材料运到码头或者桥头，用背篓人工背回家或者斗车运回家的方式，变成了可以直接用车子运送材料到大部分村民家里。在移民阶段，大部分村民建的都是木房子，现在建砖房子的人家也多了起来。虽然现在村民依然习惯背背篓赶集，用来运输米、柴火、猪草、饲料、桶装矿泉水等，但对于大宗物品已经可以用车代替了。

在直接影响方面，修建公路一方面给一部分人带来了就业与收入，另一方面运用公路鱼坝构成了四个鱼塘，其中有三个承包给个人，作为集体所有的财产，也为村里带来了一些收入。从间接影响来看，修建公路优化了村里的交通条件，对于村民的生产有促进作用，同时也对村落吸引外来投资增加了有利条件。

（三）集市经济

《现代汉语词典》（第7版）对“集市”的解释为：“农村或小城市中定期买卖货物的市场。”农村集市作为农民交换货物的定期贸易市场，首先是一种经济形式，而这种经济行为又与地区的社会文化交织在一起，嵌入社会关系之中。按照赶集日期，集市可分为不定期集市、定期集市、常市和特种集市。

施坚雅（G.William Skinner）在《中国农村的市场和社会结构》中将集市分为三个等级，即基层市场（standard market）、中间市场（intermediate market）和中心市场（central market），分别对应三种中心地类型，而小市则是基层市场的附属，行政上属于普通自然村。这三种集市类型构成了施坚雅研究的核心，尤其是其对基层市场的分析，引发了对中国乡村研究范式的变化。施坚雅认为：“如果可以说农民是生活在一个自给自足的社会中，那么这个社会不是村庄而是基层市场社区。农民的实际社会区域的边界不是由他所住村庄的狭窄的范围决定，而是由他的基层市场区域的边界决定。”即施坚雅的基层市场共同体理论。道路交通是乡村集市发展的核心力量，正是在交通发展的基础上，施坚雅将不同村落连接起来，在“同一纬度的平原，资源平均分布”的假设上提出了正六边形的基层市场模型，并进一步分析了山区和平原地区市场网络的发展和变迁，提出了市场活动密集循环理论。杨溪村没有形成自己的集市，在施坚雅的集市层级中属于“小市”，但通过田野调查，笔者发现杨溪村并不是仅对基层集镇服务，与施坚雅所描述的“串联式”的市场布局不同，杨溪村是“并联式”的市场体系，即由于距离很近，自然村、中心村和集镇都可以直接以城市作为“中心地”，因此这些聚落的交通网络大都直接与城市连接，形成一种“并联式的城乡结构”。[①] 表3-9为田野调查中笔者搜集到的与杨溪村相关的集市状况，从中可以发现杨溪村民同时会去基层市场、中间市场以及中心市场。

---

① ［美］施坚雅：《中国农村的市场和社会结构》，史建云、徐秀丽译，88—90页，北京，中国社会科学出版社，1998。

表 3–9　杨溪村集市状况

<table>
<tr><th rowspan="2">市场类型</th><th rowspan="2">中心地</th><th rowspan="2">中心地类型</th><th rowspan="2">集市类型</th><th rowspan="2">赶集日期</th><th colspan="2">出行方式</th></tr>
<tr><th>过去</th><th>现在</th></tr>
<tr><td>小市</td><td>杨溪村</td><td>普通村</td><td>/</td><td>/</td><td>/</td><td>/</td></tr>
<tr><td rowspan="2">基层市场</td><td>舒溪口</td><td rowspan="2">中心村</td><td>定期集市（已取消）</td><td>逢一、四</td><td>步行</td><td>步行</td></tr>
<tr><td>丑溪口</td><td>定期集市</td><td>逢一、六</td><td>坐客船或坐渡船后走山路</td><td>坐客船</td></tr>
<tr><td rowspan="2">中间市场</td><td>麻溪铺</td><td rowspan="2">集镇</td><td>定期集市、常市</td><td>逢一、六</td><td>走山路</td><td>坐车</td></tr>
<tr><td>筲箕湾</td><td>定期集市、常市</td><td>逢二、七</td><td>走山路</td><td>坐车</td></tr>
<tr><td rowspan="2">中心市场</td><td>白沙</td><td rowspan="2">县城</td><td>常市</td><td>/</td><td>走山路</td><td>坐车</td></tr>
<tr><td>沅陵</td><td>常市</td><td>/</td><td>走山路</td><td>坐车</td></tr>
</table>

资料来源：实地考察与村民访谈。

按照施坚雅的理论，与杨溪村关联最强的集市应该是作为基层市场的舒溪口集市和丑溪口集市。但通过田野调查，笔者发现，一方面随着乡政府的搬迁，舒溪口的集市已经消失；另一方面由于丑溪口与杨溪村被沅水隔离，需要乘坐客船才可以到达，交通的便利性远不及中间市场和中心市场，且丑溪口的集市规模也同样比不上后者，因此村民们只有在需要去丑溪口办事情，如去信用社、乡政府、乡卫生院之类的地方时才会去丑溪口。之中也存在些许的差异，比如相较于集镇和杨溪口，曹中坪有更多村民赶丑溪口的集市。这是因为曹中坪的公路修建较晚，在人行桥和杨溪大桥修起来之前，曹中坪与杨溪口被杨溪所隔绝，船运更加普遍；也有很多人步行到荔溪口再坐渡船去往丑溪口。但对于杨溪口和集镇而言，连接 319 国道的公路以及乡道都修建得很早，在舒溪口集市消失之后，人们很自然地选择了更大、更便利的筲箕湾而不是丑溪口。同样地，随着私家车数量的增多，开车去白沙和沅陵的人也越来越多，杨溪村与外界并联局面也越来越明显。

（四）总结

1. 交通的便利性使杨溪村对外经济的依赖变强

随着杨溪公路建设的日益完善，杨溪村的水路运输可发挥的经济效能也在下降。但无论是水路还是陆路，货运都不是杨溪村交通经济的主导，既没有成为输送的源头，也没有成为运输的节点。而在客运中，我们可以看到杨溪村是以向外流动为主导的，人口的流动主导方向是从杨溪到其他地区。一方面，私家车的增多使人们更自由地流动，日常的农业耕作只能维持最基本的生活，在库区涨水、极端天气和野猪侵袭的条件下，农业生产并不能满足农民创收致富的心理需求，大量农民外出务工，只有老人与孩子留在村里，学校放假期间，因老师、学生、陪读家长都纷纷离开，集镇也显得有些萧条。另一方面，流动的增强加上杨溪经济发展内生动力的不足，使杨溪对外的经济依赖提升，大到家电家具，小到猪肉、粉条，都需要依赖外部集市或进村的流动商贩，杨溪村并不属于过去自给自足的传统村落，其生存与发展都深深嵌套在更广阔的区域之中。

离开的人，即外出务工的人成了家庭经济收入的支柱。也就是说，留下的人生活的中心不是围绕经济目的展开，我们可以看到，在杨溪依靠交通发展的经济——船只经济、汽车经济，只有村内的少数人（有船的人和有车的人）在从事，而集市经济在杨溪则更多地属于消费，人们去集市的目的更多的是购买商品，而不是出售剩余。人们的收入依靠的是外出务工，消费依赖的是外部市场，虽然人们生活在杨溪，但是实际生活在筲箕湾、沅陵，甚至生活在长沙、广州、深圳。

2. 杨溪村与外界经济的联系是并联式的

当人们可以更自由地选择生活的城市时，交通更便利，经济更发达的地区自然成为首选，而这样的选择带来的是过去区域的串联结构向并联结构的转变。我们可以在杨溪的集市经济中看到这种特征，对于村民来说，当交通不再成为问题后，更丰富的资源是左右人们选择的核心要素。过去人们没有更好的交通方式，步行的范围就是市场的范围，但现在，市场的范围已经越来越模糊，已看不到一条清晰明确的边界，公路和汽车使人们进入了整个县域、省域，而网络则让人们进入了整个中国，甚至整个世界。但我们必须意识到，这样的聚集带来的后果可能是边缘村庄的消失和中心城市的拥挤，大量的人口将往城市移动，而边缘村庄的内生力持续下降。

五、交通与生态

道路修建对生态的影响是“路学”考察的一个传统，即将道路研究置于生物多样性（Biocultural Diversity）框架中研究道路在整个生态系统中带来的对自然环境及文化环境的影响。杨溪村的道路交通有两个主题——水路和陆路。下文将以这两个主题从五强溪水库建设和杨溪村旅游开发计划两个事件切入，观察交通与生态之间的互动，我们会发现在一个生态系统内部，事件之间存在着持久的连续性，一条路的前世、今生、来日都会在同一空间内发生并产生作用。

（一）五强溪水库建设与杨溪生态保护

五强溪水电站的建设对于沅水流域的影响巨大，其中之一就是五强溪国家湿地公园的形成。五强溪国家湿地公园地处五强溪库区，是五强溪电站修建后形成的人工湿地，面积有 1.7 万公顷，是鸟类较为理想的越冬地和停歇地。人工湿地是指由人工建造和控制运行的与沼泽地类似的地面，五强溪水库中因为灌溉、水电、防洪等目的而建造的人工蓄水设施形成的库塘湿地高达 80% 以上，形成了大规模的人工湿地。2019—2020 年，沅陵县政府实施了系列湿地保护管理措施，包括配合县政府及水利、环保等相关部门开展沅江主干流采砂整改专项行动，实现五强溪国家湿地公园内全面禁采；开展网箱专项整治行动，五强溪国家湿地公园范围内沅水、酉水主干道所有网箱全部上岸；组织人员开展自然保护地大检查，查出破坏湿地、侵占湿地、污染湿地资源等环境问题十余个；配合畜牧、水利等部门展开电鱼专项打击行动。

在五强溪水电站建成后，库区内进行了大规模的移民工作，为了解决人们移民后的生计问题，移民局采取了很多措施，发展渔业就是其中之一。五强溪库区关闸蓄水后形成25万亩水面，形成库汊7处，控养水面3万余亩，渔业养殖成为库区的一个重要经济来源。杨溪村的渔业也同样从这时开始发展，最早的库汊养鱼是1997年对冷水溪河段的拦截。但是渔业开发带来了一定程度上的生态破坏，一些鱼塘的富营养化严重，姜胡组的鱼塘也因卫生质量不达标而被迫推平成为一片荒地。此外，许多码头附近的卫生质量也因此较差。一方面，五强溪的开闸关闸使水位有很大的变化，在水位上升时很多岸上的垃圾就被带到了河面上；另一方面，杨溪村修建的大量码头在实际使用中满足了很多村民的日常需求，如前文提到的洗衣、洗菜以及村民们的休闲娱乐活动，因此不可避免地会对码头附近的环境造成影响。

生态系统作为一个整体，五强溪库区的建设实际上还涉及杨溪的山区。由于河边的农田被淹没，移民后人们的耕田整体上迁，农田与野猪的关系变得更加紧张；部分村民则由于移民而放弃了耕种，原本的田地成为荒地。山羊养殖也是移民后农业开发的一个重要部分，为了给山羊提供更多的食用草地，曾有村民放火烧山，虽然及时被扑灭没有造成大的损失，但足以看出村民与环境之间存在的矛盾与冲突。

总的来说，杨溪村的水路建设与五强溪水库建设密不可分，这种建设改变了沅水的自然特征，催生出库区内挖沙业、渔业的发展，这种发展又反作用于库区的生态环境，并在连锁反应下改变着人们与整体环境的生存关系和互动方式。

（二）旅游开发计划

在田野调查中笔者了解到杨溪村未来的发展方向以旅游开发为主，第一步是利用杨溪本身以及上游田家坪水库蓄水带来的流量，通过建立新的水坝让水位更受控，以此在杨溪河流上开发漂流项目吸引游客前来。根据项目的推动者张春文老师的介绍，这个项目已经筹划了很久，已取得相关的公文许可，而漂流计划的核心在于公路建设。他们准备将易家组的公路延长到319国道上，连接到三眼桥附近，并在原来的基础上将该路段拓宽为旅游公路，即从现在的3.5米宽拓展到8米宽。虽然这个项目还没有正式实施，但是已经对杨溪村产生了一定影响，人们已经为这条还没有出现的路做足了准备。

由于这是一条旅游公路，因此旅游资源的保护从计划初始就已经开始执行，易家组的村民表示，为了这条公路的建设，易家组和三眼桥的村民都已经签过字，彼此约定好不在公路修建之前砍伐两边的树木，村民新房的修建也不允许建在公路可能用到的土地上。一方面这是为了避免在正式修路时可能引起的土地纠纷，另一方面村民认为只有森林资源得到保护，道路两旁才有足够吸引游客的风景。此外，卫生治理也因为这个计划而变得更加紧迫，集镇和各组的卫生治理如果不达标，同样会破坏旅游开发的进程。在田野调查期间，村内正在进行“厕改”活动，集镇下水道的治理已经完成，而路面的空间清理也将逐步进行。

从这一事件中我们可以看出，道路建设的影响在建设实施之前就已经发生并产生影响，这种影响涉及人们对于生态环境的新认知，在杨溪对于易家组的人来说，森林一方面是野猪聚居的地方，充满了威胁；但另一方面，旅游开发可能带来的发展使人们对森林多了新的认识，森林成为一种资源，需要被细心地保护和利用。一条路在出现之前，人们就已经为之赋予了丰富的情感，或担忧或期待；我们也不难想象，当这条路真的被建成后，人们的态度和行为也将持续发生改变，人与整个生态空间的互动也会处于动态变迁之中。

20 世纪 30 年代，美国人类学家斯图尔德（Julian Steward）将生态学观点引入人类学对环境和文化关系的认识，创立了“文化生态学”，认为人们是在文化与自然环境的互动中完成了人们生存环境的建设，文化与环境之间并不是简单的决定关系，而是一种动态的富有创造力的关系。1935 年，英国生物学家坦斯利（A.G.Tansley）最早提出了“生态系统论”（ecosystem），将“自然中的群落（community）”与环境视为一个整体，认为群落与周围的物理环境相互发展为一种动态的平衡。从杨溪村的交通出发，我们也可以看到生态系统的动态平衡。

在一个生态系统内部，事件不是独立存在的，而是彼此纠缠互相影响着的。从杨溪的旅游计划可以看到，一条路在修建之前就已经开始对整个空间产生影响，而五强溪水电站则提醒我们被改变的空间并不是到此为止，其影响在时间上会一直持续并在空间上被反映。事件的非独立性意味着对待交通建设，需要考虑到的不仅是简单的某个层面，也不仅是单一的时间维度，必须关注道路修建可能带来的经济、生态、社会等诸多方面的连锁反应，也必须考虑到道路修建的过去、现在以及将来。

2000 年，诺贝尔化学奖得主、荷兰大气化学家保罗·克鲁岑（Paul Jozef Crutzen）提出了“人类世”（Anthropocene）的概念，其核心在于人类活动对地球的影响已经大大超过了自然变化的影响，尤其是自工业革命以来，人类在土地利用、建坝挖河、水资源利用等方面极大地改变了地球的面貌和环境。2016 年 8 月 29 日，第 35 届国际地质大会在南非召开，会议正式通过“人类纪”“人类世”“人类期”的概念。人们对环境的适应和创造对于环境影响的重要性在今天已经不言而喻，生态平衡暗含的更多的是人与自然之间的平衡，而不仅指自然系统本身具有的恢复能力。从五强溪库区的保护我们可以看到人类对于环境调适所具有的能力。周永明认为，对待道路带来的生态变化应该以“弹持论”（Resilience Theory）的视角看待：我们不能希望一切被改变后再次回到最初的状态，而应该保持非线性变化和多平衡状态的观点，去衡量当地生态系统的弹持能力。人们对环境的适应和改变是连续不断在发生着的，故事开始之后就会一直延伸，对于生态保护我们应该达到的是动态的平衡，而不是保持一切不变。

六、交通与社会生活

道路交通是自然性和社会性的结合，人们会对道路寄托自己的情感，也会在道路变迁中重新塑造对道路和自身社会生活的解释。当现代交通进入一个传统村落时，定然会发生一些碰撞和摩擦：传统农民的时间观与现代速度之间的不一致，熟人社会与现代交通体制的不兼容。此外，流动性与隔离性是道路的一体两面，在这对矛盾中，我们也可以看到村民情感的复杂变化。

（一）村民的时间观与现代速度

一直待在农村从事农业生产的中老年农民具有的是传统连贯性的块状的农业时间观念，这样的时间是连续不断的、随着历史的时间一直向前延伸。时间的单位是一种有节奏的单位，日子也可以人格化；农民群体对于时间的记忆具有人格化和情境性特征。[①] 而现代交通及其带来的速度提升强势打破了传统农民的时间观念。过去人们以耕种为主要生计方式，一切时间都是自然的，随着岁时季节的更替而发生，按照农业生产块状地团结在一起，有早晚之分，鲜有快慢之别。但现代交通，尤其是公路的修建，带来的是快慢的观念，哪种路途最近，什么样的出行方式最快，都成为可以感受和衡量的内容。但是在现代交通工具已经被普遍使用时，村民的观念却还徘徊不前，于是现代交通与村民的时间观之间就产生了冲突。

在田野调查期间，为了赶上集市的船，在出发前一天笔者询问了村民开船

① 朱茂静：《社会分化中农民的时间观》，载《前沿》，2012（23）。

的时间，回答的都是“开船很早”，进一步询问具体是几点钟，就会得到完全不一样的说法：4点、4点半、5点，村民各自提出了自己心中认为的“早”的时间。第二天笔者一行4点半出发，但一直到5点半船才来到码头。每一次乘船都有等待的体验，村民们没有精确的时间观念，行事风格是“赶早不赶晚”，在一个大概的时间团块里他们会选择自己认为“早”的时间去做出选择和行动。同样的例子，我们也很难判断村民口中的“过去”到底是什么时间段，你可以感觉到只要是发生在“现在”之前，就都可以被形容为过去。村民对于“过去”时间的概念，是与具体的历史记忆联系在一起的：移民之前、修路之前、外出务工之前……他们的时间分割依据的是重大的社会事件以及生命事件，而不是具体的、精确的纪年时间。村民们的时间观念是叙事的、情境性的。

现代交通的线性时间暗含的一个重要信息是对于精确计算的重视以及对效率的追求，而传统农村中的块状时间则暗含着顺其自然依规律办事的观念，就像村里的老年人所坚持的那样，即使人们往外流动离去，但叶落也总要归根，时间的韵律在人们情感的位置还没被改变。

（二）熟人社会与现代交通

费孝通先生在《乡土社会》一书中叙述了中国乡村的诸多特性，而熟人社会的概念就是其中之一：在乡村形成了依靠亲密和长期共同生活而成的社会关系，人与人之间是熟悉的，群体对内部成员有高度的了解，而“亲密的共同生活中各人互相依赖的地方是多方面和长期的，因之在授受之间无法分一笔一笔的清算往回。亲密社群的团结性就依赖于各分子间都相互的拖欠着未了的人情”。当现代交通进入这种熟人社会后，必然要面对适应性的问题，在这个过程中，传统村落特征发生了变化。

一个典型的案例就是杨溪村客运的发展。在2008年集镇公路硬化后，政府为了实现村村通客运，在集镇修建了一个客运站，由于公路验收直到2010年才完成，这之后集镇上才开始有客运。在通客运之后，客运站实际上用处不大，村民们乘坐客车都是直接上车，下车前再付钱，并不需要提前购票。在杨溪村，“售票”这样的现代交通运营方式并未实行。但客车从沅陵返回杨溪村则又处在现代客运的管理之下，客车会停在沅陵县客运站，需要给客运站支付管理费，需要提前购票按时出发。同一段路，却有不一致的运营体系。对于村民来说，他们更喜欢乡村的客运经营模式。因为如果需要售票，就意味着需要有专门的人员上班工作，其票价也会随着上升，但现在你可以提前与司机打好招呼，即使稍微迟到一会儿，客车也会等待，要自由便利得多。客船的乘坐也有同样的现象，乘坐客船的人大都是船夫的熟客，人们会在出发的前一天给船夫打电话，约定好时间出发。现代交通运营依据的是陌生社会的管理体制，但在乡村，熟人社会的现实并不适用。

杨溪村村民坐车去筲箕湾赶集如果依据现代交通的体制运行，将会十分不便，因为村里的客运仅开往沅陵，村民需要在国道岔路口下车，然后在路口等待去往沅陵的公交车。但是在赶集日，公交车往往坐满了乘客，且人们无法确定需要在路口等待多长时间，因此村民会选择沿着公路步行去往筲箕湾，笔者第一次去筲箕湾集市是随着村民步行大约 40 分钟到达的。在赶集这天，村里有私家车的车主会载客去筲箕湾，来回 15 元，这种方式比起坐客车要便利很多，但却不符合现代交通管理，因为这些车辆并没有营业执照和线路牌，如果收费就属于非法客运。

熟人社会中的人情关系也是影响现代交通发展的一个重要因素。一方面，它会催动交通相关事业的发展，如私人快递业最初就是依靠熟人社会网络建立起来的；另一方面，人情也会形成阻碍，由于是熟人圈子，因此从不收费到收费这一过程花费了很多时间，船运老板也不会为了拉更多客人而跑到对岸与其他船夫抢生意。我们可以将这样的乡村俗约看做是现代交通在乡村社会发展的一种本土化过程。同时我们也需警惕，由于公路修建，外来人口进入村落的现象也开始变得常见。在一个传统的熟人社会中，陌生事物的进入可能会重新塑造人们的关系。

（三）道路的情感与流动

人们对于出现在自己家门口的道路总是会有情感反馈：

> 以前开那个拖拉机、叭叭叭叭，吵死人！还是手扶拖拉机，半夜他们运材料，那吵死人了……最开始的时候整夜整夜不能睡。肯定烦啊！那个灰尘也好大，现在好了，习惯了就好了。住在路边上不觉得吵，已经习惯了。

村民对于每一条路都有自己的认识和理解，经历了一个从陌生到熟悉的过程，在这一角度，道路不再只是一种基建工程，它同时还具有强烈的象征意义，就像大家常说的那样“要致富，先修路”，道路修建宣传是政府工作的一项重要内容，会出现在各种新闻报道之中，作为绩效考核的一个标准，而这种宣传策略也为道路赋予了更多的社会意义，成为“财富之路”“生命之路”。

一条路的修建是使距离缩短了还是使距离更远了？一方面，公路的修建带来的“时空伸缩效应”，显示了道路带来的时空距离的缩短和社会交往范围的扩大；另一方面，道路的封闭性带来的“地理区隔效应”和高速道路的“中间消除效应”又揭示了公路可能导致的人们互动的减少甚至消失。把每一条道路比喻成一条河流，它既可以给你带来交通的便捷，但是也成为两岸通行的屏障，一个新的屏障。这暗示了道路所具有的内在矛盾特征，即它连接了路两端，也隔绝了路两岸。

道路的修建是人口流动的重要推力，在杨溪村表现出的就是外出务工人员的大量增多，这种人口流动对于村内来说就是劳动力的流失，一些技艺也面临后继无人的困境。但另一方面，道路的流动也意味着人们与外界交往的增多，集镇上的广场舞队也可以参与到大型的比赛和表演中。交流和互动是双向的，村民由此产生的情感也是复杂的，人们在渴望稳定的愿景里成为流动的个体，也在流动带来的新鲜事物中开放自己。

七、小结

交通道路研究是一项跨学科的综合性研究，一条路的修建带来的影响是长久而深刻的，包括但不限于本书所提到的经济、生态与社会生活。在思考如何对道路进行研究时我们可以回到与道路相关的几个关键词上。

一是距离。无论是河流还是公路，修建一条可以通行的路途最原始的希望是在两个地方建立起联系，而现代交通的目的则多了一个在两个地方建立起“更快速”的联系，缩短时空的距离。从土路到水泥路再到高速公路、铁路，从马车到摩托车再到小汽车、火车，时空距离不断被压缩，“坐地日行八万里，巡天遥看一千河”在今天成为现实。但时空距离的缩短并不意味着心理距离的缩短，相反，人与人之间的差别变得越来越大，最细微的喜好的差异就可以让人们处在最不同的群体之中。

二是流动。我们可以把道路带来的流动区分为最简单的向内流动和向外流动，并在此基础上比较流动人口特征、频率差异、历史差异，等等。除此之外，如前文所提及的流动中人们的情感诉求与变化也是研究流动个体的要点。在研究人口流动时，我们很容易认为向外流动使流出地对流入地产生了巨大的依赖性，但在杨溪村的田野中我们发现，人们对于返回流出地有强烈的愿望，普遍的观念是“叶落归根”，而在外地漂泊的人的核心人际关系和社会网络依然保存在其流出地。

三是连接与隔离。道路的连接作用是人们广泛认知到的，但同时道路也是对空间的重新规划和安排，对空间的割裂是它的特征之一。现代城市地图实际上就是城市交通地图，道路把人们的生活划分成了不同的区块，不同的区块又承担不同的功能，城市的构建一定程度上是在道路的框架中进行。在这一视角下，除了道路交通，互联网也具有相同的特质，既把不同的人连接在一起，又将人们按照群体相隔离。

一条道路意味着很多，时间与空间同时被它折叠，自然和社会也在此交汇，奔腾的河流与寂静的公路同样具有力量，人们的喜悦期盼和离愁别绪都在这之上发生、沉寂、复涌，绵延不绝；而民族志的研究则是走进它的另一条通道，从中可以窥见被忽略的细节和生长的足迹。

第四章　杨溪村生计方式

一、导言

生计方式指的是人们相对稳定地、持续地维持生活的计谋或办法，即通常所说的生计模式或生活习惯。[①]沅陵地区五强溪水电站的建设对于整个杨溪村的经济生活而言是一个重要转折点，库区建成前后，杨溪村村民的主要生计方式、村集体的产业状况都发生了变化。

五强溪水电站发电厂位于沅陵县境内的沅水干流上，控制沅水流域面积的93%，以发电为主，兼有防洪、航运等综合效益。该工程于1952年开始勘测，先后经历1956年和1980年两次动工与停工，最终于1986年正式复工。1994年底，五强溪水电站第一台机组投入发电，1996年底全部机组投产。整个五强溪水库的建设涉及三个县——沅陵、辰溪、泸溪，其中辰溪和泸溪两个县都属于尾水淹没区。尾水淹没区，即离水比较远，淹没水位不高，对当地生活影响相对较小的区域。沅陵县由于大部分地处沅江中上游，受水库建设影响大，移民工作量最大。

1987年2月至1988年，相关部门完成了对五强溪水库移民安置的规划。1990—1998年，政府对库区移民实施带资进厂政策，移民户人均可领到4000元移民补助，加上自备资金1000元，前往政府指定范围内的工厂务工。1992

① 周大鸣：《文化人类学概论》，106页，广州，中山大学出版社，2009。

年10月至1996年底，“投亲靠友”“农转非”政策开始实施；1993—1994年，地处沅江上游的杨溪村采用以后靠移民为主的移民政策。上述政策一直实施到1998年，政府通过实地考察发现，当地的资源已经无法满足村民的基本生活需求，由此着手将当地的移民工作调整为集中外迁和分散外迁相结合的形式，将未能妥善安置的库区移民转移到中方县、靖州县城等地。

在改善民生方面，整个沅陵县采取“前安置，后扶持”的策略。1994年，舒溪口乡政府搬迁到集镇处，并着手解决当地村民的水电和道路问题。1995年，陈家组毛坯路率先完工。2010—2012年，瞿家组和龚曹组毛坯路也先后完工。到2019年，整个杨溪村路面硬化工程完成。当问及移民安置的后续工作时，村书记如是说：“你们现在看到的码头和路灯，都是移民以后政府负责出钱修起来的。”此外，在经济层面，政府实施产业扶持政策，具体包括以黄桃和黄金贡柚为代表的小水果开发以及猪、鸡、羊等禽畜类养殖的扶持，具体扶持方法以产业奖补为主，即个人向相关部门申报，获批后可得到规定数额的补贴。

总体上看，截至2011年，沅陵县组织安置了库区移民1万余人。至此，沅陵县库区移民工作总体上告一段落。

二、水库移民前杨溪村生计方式

（一）传统农业

五强溪水库建成前，杨溪村村民多以自给自足的农作物种植和禽畜养殖为生。种植作物品种多为辣椒、豆角、白菜等蔬菜以及玉米、水稻等主食，鸡、鸭、猪是当时常见的禽畜，加之当地尚不发达的交通，村民的日常活动与俗语“日出而作，日落而息”几乎无异，详细情景可以从下面截录的一位村民的描述中看出（Q为访谈人；A为被访谈的村民，女，70岁）。

A：那个时候，我们每天早上天还没亮就要起来去地里做事了。要先去把鸡和鸭从棚子里放出来，让它们上山的上山，下水的下水。然后我们就要搞田里的事情，挑水浇田啊、去收菜啊、去翻土啊……反正就是有好多事情要做，不过现在想起来好像做的都是一样的事情（说罢轻声笑了一下）。

Q：你们种了些什么菜？

A：就是一点儿辣子，还有豆角、苞谷那些。

Q：你们出门之前吃过饭了吗？

A：没有！我们这里跟你们城里不一样的，我们一天只吃两餐，白天什么都搞清常（即“把一切打理好”）了的时候，太阳也差不多顶头了，然后我们就走回去烧柴搞中饭吃，这个时候还要记着把猪食做好喂了。下午忙完回来再吃一餐，天黑了就在家里休息了。

Q：你们下午忙些什么呢？

A：那还不是和早上一样的，去地里做事，然后给鸭子再喂一次食，那些放出去的鸡又不用管，它们天黑之前都会自己跑回来。

（二）传统工业

杨溪村的传统工业主要是造船业。

由于公路未修建和毗邻沅江的地理环境，杨溪村很长一段时间以船运为首选交通方式。也正因如此，当地造船业较为发达。1983 年分产到户实施之前，杨溪村一带以制造木船为主，且大都是集体制。造船的场所多选在河滩边，所需的木材主要由洪江等地通过放排的方式运输至此。所有造船的木匠中有一位掌脉师傅，设计船只、提供原料、分配原料都交由他主管。一般来说，掌脉师傅是整个造船团队中技艺最娴熟的木匠，其余木匠中有已出师的帮工，也有学徒，其劳动报酬以工分计算，出师的木匠一天可获得 10 个工分，学徒则只能得 2—3 个工分。

1983 年以后，集体制被取消，年轻的劳动力回到各家的土地上料理田地，不再有多余的时间从事船只生产，加之此时铁船的兴起对木船制造业带来巨大冲击，许多年轻人只会在下半年农闲时分找木工活儿做。这一时期造出的木船主要有渔船和运输船两种，在制作工序上并无太大差异。一般而言，从测量到完工，一条渔船只需要六个木匠用时十一二天即可完成，到完全可以下水需要十八天的时间。造船生意的接洽也出现了两种形式：一种与集体制时期一样，按工时工量结算；另一种则是承包形式，在这一形式中，承包方一次性向造船方付清所有款项，同时负责提供整个过程的生产原料，工人的工作安排全权交给造船方的工头，此时的劳动报酬开始直接以金钱结算：

> 一般三块八一天，吃老板的，用老板的。一年一年往上加，一直到现在都有一百块了。到了一百五一天的时候，他们就都兴用铁船了，我们就没有船做了。不过我们这些做木船的人也老了。一般都是要 60 岁以下的人，60 岁以上的要在河边风吹日晒的，都受不住。（村民 C，男，70 岁）

图 4–1　杨溪村铁质客船

（三）交通运输业

正如上文提及，杨溪村的村民远行以乘船为主要交通方式。从集镇到姜胡组，杨溪村共有 9 座码头（见表 4–1）。其中仅有集镇的码头为水库建成前修建且如今仍在使用，冷水溪组、易家组的码头已经废弃。集镇、姜胡组、龚曹组的码头如今仍在使用，陈家组的码头则已经废弃。从事客运的船户共 4 家，运输行程以杨溪村到沅陵县为多。据访，当地船只一般每天开两趟，清早 4 点左右启程，一个多小时即可到达沅陵县。抵达后，船夫会在沅陵的码头等到下午 2 点左右，直到船内的座位坐满再发船回到杨溪村。实际上，船只并不严格按照钟表时间来运行，它取决于船夫与乘船的村民之间形成的默契。由于杨溪村空间范围和人口数量都相对有限，杨溪村村民和船夫之间通常都留有联系方式，村民有出行需求会直接联系到船夫，船夫有任何行程安排上的变动，也可以直接以电话形式通知到乘客。换言之，杨溪村的船运体系运作依靠的是村内的人际关系网络，而不是超越个体的制度体系。

表 4–1　杨溪村码头使用情况表

建成时段	所属区域	数量（个）	使用情况
水库建成前	集镇	1	使用
	冷水溪组	1	废弃
	易家组	1	废弃
水库建成后	瞿学组	1	使用
	陈家组	1	废弃
	龚曹组	2（龚家和曹家各 1 座）	龚家已废弃，曹家在使用
	姜胡组	2（姜家和胡家各 1 座）	均在使用

随着生产技术的发展，杨溪村用于客运的船只经历了从木船到铁船的变化。一开始的木质客船制作方法相对简单，总造价 1 万元左右即可完成，荷载量以十几吨为多，通常可以容纳六七十人。木船的造价虽低，但使用年限较短，受

制于木材原料的易腐坏性，20 世纪 80 年代以后，村内的船户纷纷将自家的木船换成了造价高（5 万元左右）但更为耐用的铁船，并一直使用至今。

在船只驾驶和管理方面，早期的航运业中少有持证上岗的说法。船只驾驶技能的学习也以实操为主，学徒跟着自己的师傅上船，观察几次后就直接在师傅的指导下开始驾驶船只，等到其熟悉流域内的所有航道和行驶方向，学徒就可出师独自行船了。伴随着集体化的实施，管理水上事务的海事局成立，船只通航须有海事局开具的船只行驶证和船员驾驶证。此外，海事局对客运船只的荷载人数也有了硬性规定。

> 以前开船从沅陵回来，12 点一趟，下午 1 点一趟，有的时候人多了我就 2 点开船。以前海事管得不紧的时候，一条船都能装六七十个人，多的能装百十来个人。但是现在不行了，现在他们（指海事局）都会查，一旦查出来超载，那个罚款都抵你好几天开船的钱了，哪里还敢多带人哦。

但总体而言，在五强溪水库建成以前，受当地亚热带季风气候的影响，沅江上游的水位季节变化大，枯水季节中部分河段会变成浅滩，其余部位河流的水位也相对较浅，对船只的正常航运形成阻碍，即便是行船多年的老船夫也要在此时段的行驶中多加小心才不致让船只触礁或搁浅。因此，处于沅江上游的杨溪村无法享受到稳定的船运。而水库建成之后，各村的陆路交通也逐渐发达起来，公路的修建、私家车和客车数量的增加为杨溪村村民带来了更便捷的陆路出行方式，传统水路运输在此竞争中占据下风，客运船的经营逐渐衰落，如今在沅江上通行的船只中，货运船只成为主导。

（四）渔业

1. 渔业经济概况

由于沅江上游水域流动性太强，村民难以在河水边直接完成鱼类养殖，修建鱼塘耗资量大，并非所有家庭都能承担费用，由此，捕鱼就成为杨溪村渔业经济生活的主要形式。与我们预想的不同，杨溪村过去并非靠水吃水，而是以田地种植和禽畜养殖这些传统农业为生活支柱，其渔业经济形成规模是水库关闸放水后的事情。五强溪水库关闸蓄水使得沅江上游地带水位上涨，1996 年 7 月 14 日，强降雨和关闸共同导致上游的大片靠河的田地被淹没，地处上游的杨溪村内，依靠田地为生的农民经济来源遭受重创，开始寻求新的谋生办法。其中一部分农民将目光投向沅江，自己出资出力，去市场上购买造船的各种原材料，历时十余天打造了一条渔船，过上了捕鱼的生活。

杨溪村一带捕鱼的河段从瞿家组一直延伸至姜胡组往下，宽度横跨河水两岸（见图 4–2）。村中捕鱼的船只最多的时候，河面上可同时看到五十余只渔船。因此，为了避免船与船之间重复放网而产生冲突，渔民们彼此协调，商议出了编号制度：给打鱼的河段分区编号，各船户下河打鱼之前先抽签选择自己今天打鱼的区域，严格按照区域划分撒网捕鱼。该制度并没有强制力的约束，如有船只违背规则，将会承受其他渔户在道德上的谴责，在接下来一段时间的捕鱼活动中受到其他人的排挤——这对于当时以人际关系为主要运行机制的杨溪村而言，比罚款这一类的社会正式机制威慑更有约束力。

杨溪村一带鱼类品种丰富，除常见的鲤鱼、草鱼、鳅鱼和鲇鱼外，还有鳜鱼、鲮鱼等特色鱼种；中秋节后还会有长成的河虾出没于该流域。正因如此，该地的捕鱼经济吸引了大量县城乃至外地的渔商前来收鱼。常见的鱼类价格差异不大，多以斤两大小论价，特色鱼类则价格差异较大。具体售价见表 4–2 所示。

表 4–2　杨溪村捕鱼品种及价格（2010 年前后）

品种	出售形式	价格（元 / 斤）
鲤鱼、草鱼、鳅鱼、鲇鱼	生鲜	5 斤以上 14—22 元；5 斤以下 8—12 元
鳜鱼	生鲜	25—30 元
中华鲟（人工养殖）	生鲜	60 元
鲮鱼	风干	80 元

捕鱼的旺季从清明节前后开始，一直持续到 7 月中旬。渔民们需要在傍晚将渔网撒到河里，等到深夜 12 点至 1 点去收网捕鱼，一般可收获数十斤，到端午节前后则一两个小时就可收获两三百斤。沅江上游渔民将捕获的鱼暂时喂养在特制的船舱中，这种鱼舱一般设计在船只的发动机附近，长 1.2 米，高 50 厘米，在船只行驶过程中发动机对河水水体进行搅动，未做密封处理的舱底让养鱼的水成为活水，保证鱼群在商家到来前的几个小时内不至窒息而亡。渔民的生活作息和靠田地为生的农民基本颠倒，他们需要在凌晨 1 点到 4—5 点保持头脑清醒，时刻关注船舱中的鱼的状态，尽可能避免鱼翻肚皮，以便在收鱼方来的时候卖个好价钱。至于一些卖相欠佳的鱼，除了带回家自己食用之外，渔民们还会将其中一部分带到集镇上卖给当地的村民。直到点清卖鱼的钱，渔户一天的工作才算结束。等到太阳升起，农民们出门照料田地之时，劳动整晚的渔夫们已经进入沉睡之中。

2. 禁渔以后

自 2020 年开始，为了响应国务院关于加强生态文明建设的决策部署，恢复长江流域重点水域水生生物资源，沅陵县政府下达沅陵县行政区域内沅水、酉水河段干流及支流天然水域禁捕的通告。通告指出，相关流域禁捕期限为 2021—2030 年，暂定 10 年，其间禁止一切生产性捕捞行为和生产性捕捞工具的生产和销售行为，仅允许一人一杆一线一钩的沿岸垂钓方式，违者除追究法律责任外，还将处以上万元的罚款。

为贯彻县政府指令，杨溪村村委会成员从 2020 年上半年开始在村内宣传禁捕政策，到下半年则着手逐户清查渔具持有情况，对超出限制的渔具进行收购或统一存放。对于家中渔船已经废旧的，就直接销毁船只，并视船只大小对持有者进行补偿，补偿款通常在 1000 元左右；如果渔船尚可使用，则统一收集后用胶质布料包裹船身搁置于河岸边。其他相对小型的渔具主要是渔网和豪（渔兜），收购价分别为 10 元一斤和 40 元一斤。

禁渔政策实施以前，由于渔业收入的不稳定性，部分渔民在休渔期和农闲时分选择外出务工补贴家用，禁捕之后，外出务工更是成为当地村民的主要收入来源之一。以建筑工人为例，作物收割完毕后，一些渔民凭借自己的建筑技能，在村中其他人的引荐下前往外地做建筑工人，成为外出务工队伍中的一员。建筑工人的工作周期以半年为常见，每个月有一周左右的休息时间，在此期间，由工头为其提供生活的场所——工地移动板房。在逐渐熟悉外出务工的生活节奏后，部分工人在外地建立起了自己的工作关系网，与一个或多个工头保持稳定联系。如此，即便一个工程结束，这些工人们也很少为自己接下来的生计感到苦恼，因为他们相信凭借自己和工头的关系，一有什么工程，自己一定会是首先被通知的那一个人。五强溪水库的修成导致大量田地被淹加上禁渔政策的

图 4-2　杨溪流域捕鱼范围

施行，为杨溪村内适龄劳动力外流带来更大的推动力。

五强溪水库建成前，杨溪村以传统土地耕种和禽畜养殖为主要生计方式，且以满足自家生活为其生产活动的主要目的。受水库关闸蓄水和船运为主的交通方式影响，自家田地位于淹没区的村民开始通过捕鱼和外出务工寻求日常生活的经济来源；禁捕政策实施后，外出务工逐渐成为杨溪村村民经济收入的主要来源。由此可见，早期杨溪村村民的社会生活表现出了对自然环境的依附性。首先，村民的生产活动以土地和河流为主要媒介，作物收获情况视当时的天气而定，鱼类捕获情况视水域环境而定，人为干预相对较少，具有较强的不稳定性；其次，从乘船的时间可以看出，村民的时间观不同于当前城市中的钟表时间和公历纪年，一天中的作息依照天色变化而定，一年中的活动规划依照农历划定的不同节气展开。

五强溪水库建成后，政府着手完善杨溪村的基础设施，为杨溪村一带铺设连通 319 国道的公路，使得该地的水路交通逐渐衰落，但为公路交通的发展奠定了重要基础，也为杨溪村后期外出务工成为该地社会经济主要特征之一创造了外部条件。

三、水库移民后杨溪村生计方式

（一）租房经济

2005 年，盘古乡政府从杨溪村集镇搬迁至丑溪口。次年，舒溪口小学和中学合并为舒溪口九校，九校实行全体晚自习制，晚上 9 点以后，通宿生才能离开学校。众多学生家长由于担心小孩的安全和平日里在学校的伙食，在学校附近寻求短期住所，至此，集镇上的房屋租赁逐渐增多，并使季节性人口流动成为集镇经济生活的一个显著特征——九校开学期间，周边村镇的居民因为陪读聚集在集镇上，以学校师生为目标群体的服务类经济也更活跃；学校放假期间，学校师生和陪读家属返回自己家中，服务类经济也多开始歇业，等待新学期的到来。

集镇的房屋租赁可根据房东类型分为两种：学校集体宿舍和村民私人屋舍。两者在租金收取上保持一致，常见租金在每间每学期500元上下，房内所有设施由住户自备，用水用电费用另计。其差异主要体现在房屋配置上。

学校宿舍楼共有四层，均在原教师宿舍的基础上进行改造，将一间约40平方米的宿舍用木板隔断为两间，分别租给不同的家庭。整栋楼共用10米外的一间公共旱厕，房屋内无专门的洗浴设施，只在地面装有一个出水口，洗漱时，则用木棍和床单支起一个简易屏风，在屏风后完成。在用水方面，一楼处有水池，安装有若干水龙头，租户的日常用水即从此处获取。据访，该水池的水闸由学校派专人管理，开学时开闸，放假期间则关闭水闸。周末和短期节假日期间，如果管理员未关闭水闸，租户会自行关闭，以避免出现集镇上的儿童误开水龙头导致水源浪费和用水费用增加。租户的炊煮活动均需在房屋外的走廊上完成，因租户偏好使用柴火灶，开学期间，生火用的柴直接存放在每户的门口，假期则将其收入房间内。总体而言，学校统一出租房内常见的用具（硬件）组合如表4–3。

表4–3　学校租房室内用具组合

起居	饮食	洗漱	其他
1. 木床 2. 拼装型塑胶衣柜 3. 电风扇	1. 拼装型碗柜 2. 柴火灶 3. 铁锅	1. 自制屏风（木棍 + 床单） 2. 敞口陶质水缸 3. 铁盆	1. 折叠桌 2. 木质板凳

私人住房的出租多见于双层楼房中，出租形式以单个房间为主。与学校租房不同的是，私人住房可为租客提供专门的炊煮场所和燃料（柴火）储存空间。此外，私人住房的租户日常洗漱无须在各自的房间内完成，通常由三四户共用一个室内洗手间，洗手间内设有洗浴设施。在用具组合方面，部分私人房屋的租户会在表4–3用具组合的基础上添置一个小型洗衣机。由于村内的青壮年劳

动力外流，集镇上常见的陪读组合为60岁以上的奶奶和一个或多个在九校上学的孙辈。早晨6点，小孩洗漱完毕前往学校上早自习，老人则在家中生火为其准备早餐，待其早自习结束后回来吃饭。早饭过后，老人则开始清洗前一天换下来的衣物，将屋内打扫整洁。一切日常事务处理完毕后，老人们大多选择在集镇上四处走动，和其他居住在集镇上的村民一起聊天儿。此外，老年人的聚集也为集镇文化生活的丰富创造了条件。集镇在村委会处设有老年大学，居住在附近的老年人也可利用空余时间前去学习广场舞或二胡一类的乐器，每隔一周左右，村委就会组织老年大学的众人在原乡政府处进行文艺会演，吸引其他村民前来观看。

（二）服务类经济

集镇的服务类经济主要有小卖部、流动摊贩和理发店三种。

1. 小卖部

集镇内共有7家小卖部，经过询问，小卖部大多开设于舒溪口九校建立之后。各小卖部内售卖的商品呈现出较高的相似度，以食品类、日化类和学习类为常见。以小卖部常见的四层双面货架为例，货架两面的陈列按照食品和用品区分开来。在食品区，最靠下的两层用彩色的塑料篮陈列着不同品种、包装相对简单的辣条和糖果，价格为1—3元；第三层的食品价格稍高一些，为5—8元不等，以膨化食品、袋装方便面为主；最高层堆放的是不同口味的桶装方便面，售价多为5元。在用品区，最下层放置着学校常用的作业本，旁边是铅笔和学校要求的蓝、黑、红三色的中性笔，在店面规模更大的小卖部中，还有文具盒、成套水彩笔以及绘画本等；洗发水、香皂、洗衣粉、洗涤剂等日化产品以及牙刷、毛巾等生活用品占据货架的中间两层；顶层则多陈列不同规格、整体售卖的纸品和其他卫生用品。香烟、槟榔一类的商品通常陈列于小卖部门口由代理商提供的玻璃柜台内。

另一个现象是，村内商品的品牌多为城镇常见品牌的“山寨版”，其表现形式有两种，一种是在商标的造型上进行仿造，另一种则是在商品包装上进行模仿。与所预期的不同，“山寨版”的商品与原版的价格并未因品牌产生过大差异，在此笔者列举了杨溪村部分“山寨”商品和原版商品的价格差异。

表 4–4　杨溪村小卖部“山寨”商品与原版价格对比

<table>
<tr><th>“山寨”类型</th><th>商品</th><th>品牌</th><th>售价（元 / 件）</th></tr>
<tr><td rowspan="2">包装模仿</td><td rowspan="2">500 毫升装矿泉水</td><td>怡宝</td><td>2</td></tr>
<tr><td>康伯爵</td><td>2</td></tr>
<tr><td rowspan="2">商标模仿</td><td rowspan="2">10 卷装卷纸</td><td>清风</td><td>18</td></tr>
<tr><td>清凤</td><td>20</td></tr>
</table>

总体而言，学生是小卖部最主要的消费群体。在店内售卖的商品种类中，最为丰富的是价位符合学生购买力的辣条和其他小零食，日常用品的类别则相对单一。村内商品多从筲箕湾和沅陵两地的批发商处购入，在与批发商结成稳定的交易关系之前，店主们或乘坐村内的班车，或驾驶自家车辆前往进货；关系相对稳定之后，老板们则会通过电话或微信直接请批发商将打包好的货品放在班车上，等班车将货物直接送到店门口。在访谈中，一位小卖部的老板是年过五旬的中年妇女，她分享了自己的进货策略：

像小麻辣这些东西，只有我自己知道什么好卖，什么不好卖，那就要自己去挑……但是像槟榔、烟，还有洗头膏、香皂这些的就无所谓，直接给他们（筲箕湾和沅陵的批发商）打电话让他们放到大巴上面带过来就可以了。

小卖部的经营收入高低以及进货频率都和学校的日程安排紧密相关，开学期间属于小卖部营业的旺季，上学、放学以及早自习结束的间隙是小卖部客流量的高峰期。在这一阶段内，老板们每隔 7—10 天就会前往筲箕湾进一批食品，用品则 15 天一次。学校放假后，部分店主选择直接关闭店面，外出寻找其他的工作机会；其余的商店则继续营业，为长住在集镇的村民提供日常用品，进货的周期延长至 20 天左右。

集镇上的小卖部均由 30—60 岁的女性经营。从外部环境看，各小卖部的出现以舒溪口九校的成立为关键契机；从内部环境看，老板们留在集镇经营小卖部多出于两种原因：一种是家中的老人身体逐渐衰弱需要照顾，作为子女需回家照护；另一种就是老板本身的身体欠佳，难以外出务工。一年下来，小卖部经营的收入基本可支撑老板一家的日常开销。

除基本的物质交换功能之外，集镇的小卖部也为村民的社会交往提供了集会场所。多数小卖部的门口都搭有顶棚，所遮挡的平地上常放置 3—5 把木凳供路过的村民在此歇凉。每天晚饭后的时间，这些歇凉处都围坐着三五个摇着蒲扇聊天儿的村民，小卖部门口聚集的人多为老板的同龄人，因此不同歇凉处的人群呈现出较大的年龄差异，闲聊的内容也有所不同。中年群体聚集在一起，常常是几个人对另一个人的夫妻生活打趣，或是交流一些子女的学习生活内容；老年群体则更多地关注当日发生之事或子女在外工作、生活的情况。

2. 流动摊贩

杨溪村内的另一种服务类经济是流动摊贩。在集镇内活动的流动摊贩按照售卖商品的类型可以划分为五种：肉商、菜商、熟食商、服饰商与家具商。除食品类商贩外，其他商贩的活动范围仅限于集镇，前者则会沿着硬化的公路进入杨溪村的各个组内进行贩售，到达姜家后原路驶回。表 4–5 呈现了各类流动摊贩的来源地、活动范围和活动频率等信息。

表 4–5　杨溪村流动摊贩基本信息

摊贩类型	数量	贩售内容	交通工具	活动范围	活动频率
肉商	2	新鲜猪肉	微卡货车	安龙头村至姜胡组	每天 1 次
菜商	2	蔬菜、水果、散装糕点、干货	微卡货车	筲箕湾至姜胡组	开学时：每周 2 次；放假期间：每月 2—3 次
熟食商	1	米豆腐、甜酒、凉粉	电动三轮货车	筲箕湾至姜胡组	随机
服饰商	1	中老年和儿童服装	微卡货车	怀化、沅陵至舒溪口九校门口	仅开学期间每周 1 次
家具商	1	木质靠椅、不锈钢衣柜、不锈钢碗橱等小型家具	微卡货车	筲箕湾至集镇	每月 1—2 次

除熟食商外，其余摊贩均使用同型号的微卡货车运载商品，但都对所用货车进行了不同程度的改装。家具商仅将货车后部货箱的挡板打开，将所有家具堆叠在货箱处并用钢丝绳固定；肉商、菜商和服饰商则在后部支起钢架，并以塑料布遮盖，形成一个售货车厢，最大限度地利用了后置空间。由于肉商售货品类相对单一，其后备箱内除平铺的猪肉外，仅放置了案板和刀具，侧边钢架上挂有一叠装肉用的塑料袋。菜商的后备箱空间利用率更高：以左右两侧钢架为支撑，各安装了三排左右货架，分别放置干货和散装糕点，中间设置一空缺供老板坐在其中，老板的正前方以五个方形塑料篮分割出五个区域，一个用于装盛当季水果，其余则均为各种蔬菜。货车停下后，由老板的帮手将货箱的挡板放下，在上面放置四盆腌制泡菜（如酸白菜）或需泡水保鲜的蔬菜（如土豆丝）。服饰商的空间设置出于时间因素我们并未亲眼见到，故在此引用一位女性村民的形容帮助理解：

开学的时候可热闹了……还有好多从沅陵怀化那边过来的车子专门卖衣服，但是他们都不在车上卖，他们是到了以后从车子后面取几块板子还有一个可以推动的晾衣架，在学校门口支一个摊儿，把所有的衣服都放在摊子上或者挂起来……卖的衣服大都是我们这些老婆婆和小孩子的衣服，男的衣服比较少。

各类摊贩的流动性使其与村民间的交流不如小卖部和理发店那样密切，但这种距离感也让村民和摊贩之间形成了两者间独有的交流方式。作为与村民往来最频繁的商贩，肉商的到来不需要特别告知，因为他们与村民之间已经形成时间上的默契。早上 7 点左右，居住在集镇靠前位置的村民就会走出家门买肉，约 10 分钟后货车就会开往下一个售货点，前后在集镇停留约 30 分钟。其他商贩与村民的信息交流则与坐船类似，船只通过鸣笛提醒村民乘船，商贩则通过便携扬声器告知村民自己已到来。熟食车因为其活动的随机性难以与村民形成默契，因而会直接在扬声器中介绍自己售卖的小食；菜贩和家具商则会在扬声器中播放不同的音乐，前者为《世上只有妈妈好》，后者则是《兰花草》，这一方面有赖于其稳定的活动频率足以与村民之间形成约定俗成的信息媒介，另一方面也是考虑到售卖的商品种类较多且多变，难以像熟食摊儿一样短时间内将所有货品表述清楚。

3. 理发店

集镇的人口结构以老年人与儿童为主导，经济能力有限，村内的服务类经济除上述两种外，仅剩下理发店一种。集镇上的理发店有两家，其中一家主营小卖部，只将理发作为兼职，主要在开学期间为集镇上的学生服务。该店面没有专门的理发场所，只在营业期间在小卖部门口放一把皮椅供来理发的人坐，理发工具为剪刀、剃刀等基础工具，因此只能完成修剪这一项业务。另一家专职理发店在陈设上相对正规化一些。老板娘将自家客厅改造成店面，从沅陵和怀化购入一套理发椅和台面镜，镜子左边立有一台烫发机，右侧放置有一个不锈钢水盆，用于为顾客清洗头发；桌面上摆放的除基础套装外，还有各种染发剂、烫发剂和定型摩斯。从理发工具的种类上看，该店可满足村民烫染和造型等更为复杂多样的审美需求，也正因如此，这家店在村内已经经营了十余年。

整个店面由老板娘一人经营，开学的时候，老板娘常与学校里的老师达成合作，由老师带着班里发型不符合规定的学生来这里理发，每个人只收 5 块钱的费用，其余时间，她也会为集镇上的老年人染黑头发，或给在此居住的成年女性烫头发。如今正值学校放假期间，店内稍显冷清。笔者走到店门口时，店里没有其他顾客，她丈夫先走过来询问笔者的理发要求，随后才去卧室中将她叫了出来。卧室门刚打开时，老板娘正坐在地垫上，头发略微散乱，目不转睛地盯着手机里播放的短视频。见到有客人来，才匆匆抹了抹头发走进客厅，熟练地系好围裙，将笔者安排在理发椅上，再次确认笔者想要的发型，随后一言不发地开始她的工作。由于笔者只需要简单地修剪发尾，老板娘并没有帮笔者洗头发，只是拿起桌上的喷壶将笔者头发需要修剪的地方喷湿便拿起了剪刀。理发的过程中，老板娘始终保持沉默，直到笔者看到镜子旁边张贴的海报，才找到一个聊天儿的契机——这是一张沅陵县城的房地产广告，广告旁边张贴了一张名片。老板娘说："名片上的人是我儿媳妇，她把海报贴在这里，也是帮公司做一个宣传。"笔者顺势问起她的家庭，她暂停了一会儿手上的工作，开始说起自己的经历：她是从河对岸的村子嫁过来的，由于与杨溪村的语言不通，村里人会讲普通话的很少，且她本人学习语言的意愿不高，于是双方在沟通上有较大的阻碍。加之自己早年离家与丈夫前往福建打工，后因病返乡兼照顾子女，并未在村内建立起稳定的关系网络，导致她与集镇村民的关系较为疏离。子女成年后也像父亲一样离开杨溪务工，并都在县城组建起自己的家庭，过上了稳定的新生活。出于守宅的考虑，老板娘没有应子女邀请一起搬去县城，而是和丈夫留在杨溪，翻新老宅，继续经营两个人的生活。而此时的丈夫依然常年外出务工，实质上更多的时间里都是老板娘独自生活。闲居在家，为了补贴家用，老板娘想起自己在娘家学来的理发手艺，她观察到集镇上并无理发店，且村民们有理发的需求，于是就着手利用自家客厅开了一间理发店。如此一来，既能减轻丈夫的压力，也能打发时间。渐渐地，老板娘的店里有了回头客，集镇上的很多老年人都愿意来她这里理发，九校合并以后，她还开始接到一些团体性的业务（给学生理发）。在做生意的过程中，老板娘也在当地建立起属于自己的社会关系网络，晚饭过后，她的家门口也开始聚集起一些中年女性，交流着一天之内发生的事情。至今，老板娘跟村民的交流依然不够顺畅，但是她的生活已经因为理发店而变得充实了起来。

舒溪口九校的合并为杨溪村集镇服务类经济的发展带来了机遇，闲置房屋的利用和小卖部的开办为出于各种因素闲居在家的村民提供了收入来源，也丰富了他们在集镇上的日常活动形式，为其社会关系网的扩大创造了条件。

（三）打工经济

杨溪村的打工经济分为外出务工和就地务工两类，其中外出务工已经成为杨溪村村民经济收入的主要来源。该地外出务工集中分布于广东、福建等地，主要从事劳动密集型产业；在就业地点和职业类型的选择上，家庭资源和社会关系发挥了重要作用。村内的就地务工群体以女性为主导，以分担在外务工家庭成员的压力为出发点，所得收入用于家庭成员的基本开销。

1. 外出务工

杨溪村的外出务工从 20 世纪 90 年代起形成一种趋势。由于家庭联产承包责任制的实施，农村出现劳动力过剩的情形。与此同时，在改革开放的浪潮下，一批农村青壮年走出杨溪村，前往其他城市寻找获取更高收入的机会。他们在城市稳定下来后，又回到杨溪村，将城里的工作机会介绍给村里的年轻人，在城乡发展水平差异的推动下，更多青壮年劳动力选择跟随先行者的步伐，加入城市劳动体系。此外，五强溪水库的建成导致一部分靠近水域的农田被损毁，农民的生活来源遭到冲击，政府实行带资进厂、投亲靠友等移民安置政策，杨溪村内就业机会缺乏的情况，都不断推动杨溪村劳动力向外流动。在内外部因素的共同作用之下，外出务工经济逐渐成为杨溪村村民经济生活的主要支柱，也塑造着当前杨溪村社会生活的形态。

杨溪村外出务工的村民以男性为主，务工地点具有灵活性，但大体分布于广东、福建、上海等省外地区和长沙、怀化、邵阳等省内城市。务工领域多属于劳动力密集型产业，如建筑工地、电子加工厂、服装生产厂等，月收入多为4000—7000元。一般情况下，杨溪村外出务工的村民按每月工资的七八成寄回老家，一部分供家人生活开销，剩余部分则多用于村中房屋的翻修或新建。他们每年春节回一次家，从腊月底住到正月初，初八之前就要启程前往务工地，开始新一年的工作。

在40岁以上的务工群体中，由于其社会关系网络已经成型且集中于杨溪村和周边村镇，“落叶归根”的价值观念占据主导地位，他们关注老家房产的修缮情况和田地的管理情况，以便自己有一天做不动的时候能够回到老家过上安稳的老年生活。而40岁以下的群体，其社会关系网络仍处于动态构建中，加之该年龄段的人接受能力更强，在常年外出务工中形成了对城市价值体系的认同，故更倾向于在外定居，在基础设施完善和社会生活丰富多样的城市中度过自己未来的人生。从一位休假在家的中年男性对自己务工经历的讲述中就可以体现上述价值观差异：

外面有什么好的？如果我在家里也能养活自己的话，那我肯定不会想着往外跑……我的祖宗、我的家人朋友都在这个地方，等我老了以后，赚的钱也够了，房子也修好了，现在政府把这边的路也修好了，我们以后去哪里都方便，那我不回来还能去哪里？但是现在像我儿子那些年轻人他们就不是，他在怀化打工的时候找了个怀化人，两个人现在在那边结婚买了房子，小孩也有了。现在就是过年过节的时候回来看一看，不会在这边长住。他们好像就是有点儿看不上住在农村里面，觉得自己有了钱就应该去更好的地方住……那是他们现在还年轻，玩心重，我年轻的时候也和他们是一样的想法。等到他们到我这个年纪，就会觉得还是家里最好。

走访过程中发现，杨溪村村民外出务工的地域和职业选择主要受到家庭资源和社会关系的影响。首先，家庭资源包括家庭适龄劳动力数量、家庭成员健康状况，主要影响村民是否外出的选择。当村民的家庭成员健康状况良好，且有相对充足的适龄劳动力数量时，村民更倾向于选择外出务工；反之，若家庭成员的健康状况不佳，需要人员照护，而家中的适龄劳动力数量有限时，则村民难以离开家庭外出务工。以笔者走访的村民 Q 一家为例，Q 的儿子原本在怀化做木工，孙子 M 也在深圳做酒店管理类工作，一家人每月的总收入在 1 万元左右，在村中属于中上水平。春节期间，Q 的儿子在家割蜂箱时割伤了手骨，住院一个多月后回家休养，即便恢复完全，他在怀化的木工工作也无法继续，只能留在家中与父亲共同管理家里的土地。父亲受伤住院后，M 也被迫暂停酒店的工作，回到家中照顾父亲，直到他能够独立完成基本的手部活动后才继续外出工作。然而将近一年的休假让他在酒店多次人事变动中缺席，以至在酒店继续一段工作后，因为和其他员工发生争执而离开该岗位，准备前往长沙寻找一份餐饮类的工作。其次，社会关系网络影响外出务工者在就业地域和职业上的选择。杨溪村外出务工具有链式迁移特点，先出去的人在外地站稳脚跟后，会在回乡期间将自己在外的生活分享给周围的亲朋好友，并鼓励他们跟着自己一起出去，主张“大家都一起，彼此有照应”。这些被带出去的人重复着先行者的行为，进而将越来越多的年轻人带出杨溪村，走进与自己相同或相似的行业内。因此，杨溪村的外出务工模式并非单家独户，而是处于同一个圈子的人在预定时间点的结伴出行。

这种结伴关系在留居村内的家庭中也得到了延续：这些结伴外出的年轻人家长可能原本彼此并不相熟，但是在得知子女结伴务工后，出于了解子女近况的目的，彼此之间的交流频率会有所提高。甚至在日常生活中也会更多地相互照应，分担一些家务，以保证子女在外能够安心工作。久而久之，下一代的社会关系影响了上一代，从两个人的交好发展至两个家庭的交好。

2. 就地务工

在外出务工的大潮之下，仍有一批适龄劳动力留在杨溪村村内，这批劳动力以中青年女性为主导，多从业于杨溪村的电子元件生产车间和杨溪村的葡萄园、杨溪大酒店等集体产业。对她们而言，赚取经济收入并非生活的首要目标，更重要的是照顾好家中的老人和小孩。大多留在村内就业的女性都曾与自己的丈夫共同前往外地，在服装厂或电子元件厂工作，将子女留给家中的老人照看。随着家中老人年事渐高、精力不足以照看孙辈时，女性外出务工人员的返乡就成为多数家庭的普遍选择，回到农村的女性除管理田地外，还需要同时兼顾家中长辈的照护与子女的教育。另一种情况则是，若有一方身体条件不好，无法前往外地务工时，只能在家中寻找一些相对轻松的工作来补贴家用。在此情况下，村内的集体产业和扶贫车间就为该群体提供了一个拓展经济来源的机会。

女性就地务工的收入在2000元上下，仅够维持一个家庭每月在吃住上的基本开销，一旦家里出现特殊情况，如老人生病，即便医保为就医支付了一半以上的费用，其余的款项依旧超出就地务工者的收入，需要依靠在外务工的家庭成员承担。一位35岁的妇女几年前开始在车间做工，她描述了自己的家庭经济状况：

我也想出去，不想让孩子的爸爸那么辛苦。但是我身体不好，爷爷有气管炎，奶奶有心脏病，小孩现在在上初中，正是要人管的时候，我两边都要顾，家里的开销都靠他爸爸一个人。去年我生病住了一次院，孩子奶奶又住了一次院，前前后后一起花了五六千块钱。他爸爸一个月赚7000多块钱，也不能光给我们用啊，他自己也要留一点儿，要是碰到我刚才说的生病的事情，他一个人赚的钱根本不够。所以这几年车间一进来，我就去报了名，小孩子去上学的时候我就去做工，一个月做得哪怕只有2000块钱，也能够给他爸爸减轻一个人的负担，让一家人手头儿稍微松一点儿。（车间工人Y，女，35岁）

除女性务工群体外，杨溪村内还有少量男性务工群体。该群体以工作队的形式活动，由周边县镇的工头负责管理，承接村内的房屋修建工作。工作队内根据工作复杂度分为大工和小工，大工负责打地基、墙体修建及粉刷等专业技术要求高的工作，日工资200元，小工则承担运送建筑材料和水泥等相对简单的工作，日工资120元。每个建筑工期在3个月左右，每月实际工作时间为20天，一个工期结束后，工头会先为工人发放一些基本生活工资，总工资则需等到每年年底发包方放款后一次性结清。建筑工人的工作安排与生产车间相比缺乏稳定性，工人是否有工可做取决于工头是否承包到新的工程。但同时建筑工人也具有较大的自主性，一个建筑工人可能与多个工头有合作关系，工人本身可选择跟随待遇更优、时间安排更符合自我预期的工头工作；在工程结束后，该工人也可再次更换跟随的工作队。

（四）集市经济

杨溪村周围的集市可根据施坚雅的集市体系理论——属于市镇范畴的彼此相连的经济中心地包括基层市场、中间市场、中心市场三类——进行划分。此外，杨溪村集镇还存在村民自发形成的、以个体为行动单位的物质交换行为，具体表现为村民将自家菜地中的豆角和辣椒带到集镇主街道上售卖。五强溪水库建成后，更多劳动力外流，村民对土地的管理精力受限，甚至有一部分土地出现抛荒的现象，加之各家土地质量不一，作物产量无法得到保障，因此该交换行为难以形成规模，只能以小市的形式存在。

在集市中，杨溪村村民前往频率最高的是丑溪口与筲箕湾。从地理位置来看，丑溪口集市主要承接村一级的日常消费品销售，杨溪村村民乘船半小时即可到达。但由于政府规划的变化，原本位于码头边的丑溪口集市迁往距原址约500米山坡的平地之上，集市规模和持续时长都不及以前。

政府统一规划的丑溪口整个市场划分为两个区域——专业售卖区和农户自营区。前者对市场内的每一个摊位都经过标准化划分，商户使用摊位需要支付每个摊位8元的租金（一般每个商户需租用4—5个摊位）。在这个区域中出售的物品种类以瓜果蔬菜、小吃熟食和农具服装为主。而农户自营区则无须支付租金，在这里，摆摊的多是家住附近的农民，售卖自家田里盈余的蔬菜。市场没有为他们提供固定销售台，只在地上用白线画好方格与编号，所有商品摆放在地上出售，摊位的获取并无既定程序，讲求先到先得原则，未获得摊位的商贩则将货物摆放在集市周围的人行道上售卖。在集市的持续时间上，过去丑溪口开市可持续到下午2点，如今正午之前所有摊位都已清理完毕。

相比之下，地处沅陵、辰溪、泸溪三县边界的筲箕湾集市具备更大的集市规模，在杨溪村村内公路修建完成后，前往筲箕湾的交通体验相比步行更加舒适、快捷。筲箕湾农贸市场的摊位按商户收费，流动摊位需缴付租金50元一天，固定位置则为70—80元。商品类型更全面，早年以农副、土特产的交易为主，后扩大到工业、建筑器材、日常生活用品、服装、农具、餐饮、机械等商业领域。在持续时间上，相比丑溪口的定期集市，筲箕湾呈现出更强的常市化倾向。在非集期期间，筲箕湾农贸市场内仍有商贩售卖食品、用品，由于其目标受众为居住在筲箕湾镇的村民而非来自三县的顾客，销售规模较集期更小，品类较单一。

综上所述，杨溪村村民对两个集市的选择取决于购买需求差异。当村民需要置办年货等购买需求大、种类丰富的物品时，杨溪村村民更倾向于前往筲箕湾进行采购；若只需要购买村内小卖部未提供的日常用品，则可选择丑溪口集市。此外，出行方案的差异也影响着村民的集市选择（见表 4–6）。尽管筲箕湾集市规模更大，但对于一些年事较高且晕车的村民而言，他们对于生活用品的需求简单，需坐船前往的丑溪口集市足以满足其日常需求；而对于有私家车或追求购买效率的村民而言，开车或坐车前往筲箕湾才是更便捷的出行方案。

表 4–6　杨溪村村民赶集出行方案

目的地	出行方案	
	过去	现在
丑溪口	前往集镇码头搭乘客船	1. 前往集镇码头搭乘客船 2. 乘车到达丑溪口码头对面，随后搭乘渡船
筲箕湾	步行，走山路	1. 驾驶私家车 2. 搭乘专车 3. 乘坐村内班车（目的地沅陵）到达 319 国道处，换乘前往筲箕湾的班车

（五）农村集体经济

1. 果园

杨溪村集体产业原有葡萄园 30 亩，黄金贡柚和黄金李若干亩，均交由村委会代理运营。2020 年扶贫攻坚战结束后，集体产业运营形式由村委会运营转变为外包制。2021 年 5 月，由杨溪村集体出资，将原乡政府改建成杨溪大酒店，连同葡萄园和鱼塘承包给同一负责人。

负责人 Z 老板是杨溪村本地人，50 岁上下，成年以后就加入了外出务工的大潮，在湖北做副食代理商的生意。近几年食品行业竞争激烈，寻求新出路之际，Z 老板的老师向其发起回乡发展的邀请。综合考虑杨溪村发展的政策扶持力度和市场资源后，Z 老板接受了邀请，承包起杨溪村的果园和酒店，按照 50 元每亩的价格交付土地租金，并在每年年底根据产业实际收益与村集体分红。

集体果园内的品种有葡萄、椪柑、黄金李和黄金贡柚四种，种子由农科所免费提供，种植技术则需Z老板从怀化农科院请专业团队到村内进行培训，参与培训后，技术达标的村民即可成为果园内的技术工人。果园的用人需求视当季水果生长情况而定，一般春秋季节用工量较大，需请十余人；冬季和夏季则只需进行果树的基本护理，用人量为农忙时节的一半。工人上工时间灵活，日均工作时长6小时左右，工资按月结算，相对复杂的工种100元一天，相对轻松的则80元一天。

果园内的作物成熟后，由村委会联系的固定业务单位按照市场价统一收购后，分销往各地的大型市场。对于杨溪村在交通方面的劣势导致其零售市场遭遇的困境，Z老板表示：

> 我们这里的地理位置比较偏，不像那些开在城郊的果园。城郊的果园水果一出来市民就可以开车去现场采摘，但是我们这里离城市还是有点儿远，水果的产量现在也不高，只摘一点点水果的话，没有人愿意花那么大力气。如果我们这里以后通了高速，果园采摘这一块应该很快就可以发展起来。

图4–3　杨溪村葡萄园

2. 杨溪大酒店

作为杨溪村的新兴集体产业，杨溪大酒店为留居在家的村民提供了更多的就业岗位，也为前来调研的学校师生与交流工作的政府工作人员提供了食宿场所。酒店共三层，一楼为厨房和餐厅，可承接村内小规模的宴席；二楼和三楼共五间客房，其中三间为单人间，两间为双人标间，房间价格均为120元每晚。

酒店员工的招聘具有“亲帮亲”的特点。目前酒店共有三位固定员工，月工资2500元左右，分别负责饮食、客房打扫与出纳，厨师和客房打扫者都是集镇上Z老板的表亲，出纳则与Z老板是同学关系，由Z老板从福建聘请回乡协助自己的管理工作。负责客房打扫的W阿姨由于体弱过去一直赋闲在家，车间入驻后做了一段时间零部件加工的工作。得知酒店招收员工，且老板与自己算是表亲关系后，W阿姨立刻找到了Z老板，希望能够在酒店谋得一份工作，二人很快达成协议，自此W阿姨便成为酒店的清洁工人，从早上8点到晚上9点，负责整个酒店的保洁，并在饭店帮忙上菜。来客较多时，Z老板会从酒店附近的住户中聘请1—2位女性作为临时帮手，为其开具与正式员工相同的报酬。

五强溪水库建成后，杨溪村的社会经济生活主要受到学校和交通的影响。舒溪口九校合并完成，集镇上出现了租房经济和小卖部、理发店等服务类经济。学校带来的人口聚集也让一部分流动摊贩将杨溪村集镇作为贩售的站点，使村民生活更加便捷。

水库修建后一部分农田被淹和适龄劳动力的过剩推动杨溪村外出务工行为的趋势化，而水库蓄水带来的稳定航运与政府为完善农村基础设施建设而进行的公路建设工程为劳动力外流创造了便利的交通条件，越来越多的适龄劳动力在亲朋好友的带领下结伴加入城市劳动体系，以赚取更高收入。

学校合并与外出务工共同影响杨溪村社会交往活跃度的季节性变动。村内存在两个活跃度的峰值——开学期间和春节期间。开学期间，学校师生、校外陪读家长以及各种学校经济活动于集镇之上，促使集镇上的中老年人间以及村民和商户间相对频繁的社会交往；春节期间，外出务工人员或独自或携家眷返回家乡，阖家团聚、走亲访友的活动构成了以家庭为单位的社会交往。

四、结语

以五强溪水库的修建为节点，杨溪村在此前后经历了传统农业和制造业的衰落以及学校经济和务工经济的兴起。政府主持的农村基础设施建设和社会保障的落实使得村民生活水平得到改善，农村传统生产活动的劳动力需求减少。在改革开放背景下，杨溪村一批适龄劳动力开始走出农村，走进城市体系寻找提高收入的机会。

在务工经济为杨溪村带来经济收入的同时，越来越多的农村劳动力外流也造成了杨溪村人口结构的老龄化问题和留守儿童问题。在经济结构上，杨溪村内部的经济结构相对简单，小规模且具流动性的服务业和尚未成熟的村集体产业都无法创造足够的经济效益、提供充足的就业岗位，不足以吸引希望“落叶归根”的中老年务工者回流至农村；在基础设施方面，通路、通电、通水并非年轻一代外出务工者向往城市生活的原因，其文化生活内容的丰富性、社会关系网络的广阔性才是除经济追求外推动其不断“走出去”的主要动力。因此，将杨溪村经济发展模式从外生型转变为内生型，立足杨溪村现有资源发展支柱型产业，完善村内基础设施体系，丰富村内文化生活形式才是发展的重点所在。

第五章　杨溪村生态文化

一、导论

自改革开放以来，人们的生产与生活水平都发生了翻天覆地的变化，我国广大农村地区也随着城市化进程快速发展。但由于我国长期囿于城乡二元结构，在过去的很长一段时间内，农村环境治理长期被边缘化，环境保护得不到重视，加之以农民自身环境意识不强，农村生态环境已然亮起了“红灯”，农业面源污染、农户生活污染、地方企业污染、城市转移污染等问题日益严重。[①]农村的生态环境问题成为我们目前亟待解决的难题。

随着脱贫攻坚和乡村振兴工作的相继展开，我国农村地区生态环境的治理再次受到广泛关注，农村生态环境治理成了实现乡村振兴的重要抓手和有效途径。党的十九大报告指出：“必须树立和践行绿水青山就是金山银山的理念。”党中央于 2018 年 2 月发布的《关于实施乡村振兴战略的意见》更是将“生态宜居”作为乡村振兴的总要求之一，以期通过对环境问题的综合治理，让农村成为人们安居乐业的美丽家园。

就目前来看，笔者认为我国对于乡村生态环境的治理主要可以分为三个方面。其一是对于环境污染问题的处理与解决，其中以水污染和土地污染尤其突

① 张志胜:《多元共治：乡村振兴战略视域下的农村生态环境治理创新模式》，载《重庆大学学报》(社会科学版)，2020（1）。

出。其二是对于自然环境与自然资源的恢复与改善，包括对于林地草场等的保护，对水土流失、土地沙化、荒漠化、盐碱化、石漠化等问题的防治，以及对生物多样性的恢复等。其中退耕还林（草）工程就是我国为防治水土流失等问题而实行的一项重要工程，自1999年来已启动实施了两轮退耕还林工程，二十多年来，我国已实施退耕还林还草5亿亩，取得了重大成效。其三则是对于人居环境的建设与改造，这是农村环境治理的另一个重要方面。人居环境即“人类的聚居生活的地方，是与人类生存活动密切相关的地表空间，它是人类在大自然中赖以生存的基地，是人类利用自然、改造自然的主要场所”①。人居环境的好坏直接影响着人们的生活质量，因而如何建设好农村人居环境是当下的一个重要议题。自2013年开始的美丽乡村建设即是以人居环境的整治为重要内容，以期在绿色发展理念的指导下，提升美丽乡村建设水平，推动美丽乡村走向健康乡村，增进广大农村居民的生态福祉。②它主要包括农村生活垃圾治理、生活污水治理、厕所粪污治理、提升村容村貌等多项重要内容。

总的来说，在环境治理成为乡村振兴的重要一环的当下，如何寻求乡村环境治理的最佳方案成为一项重要议题。环境问题复杂多样，且这些问题的解决以及生态环境的保护并不能一劳永逸，它涉及诸多复杂的因素，需要各个主体的共同努力，才能找到治理乡村环境问题的最优解。

本章的田野点为湖南省怀化市沅陵县盘古乡的杨溪村。

1988年，位于湖南省怀化市沅陵县的五强溪水库开始筹备修建，水库淹没区涉及沅陵、泸溪、辰溪3个县的26个乡（镇）、168个村、760个村民小组和136家工厂企业，需要迁移安置96639人（按1994年度计算），任务十分艰巨，而杨溪村便是水库修建之后的重点淹没区之一。为了解决淹没区人民的基本生活问题，1995年沅陵县发布了带资外迁的政策，支持投亲靠友，即将户口

---

① 吴良镛：《人居环境科学导论》，北京，中国建筑工业出版社，2001。

② 于法稳：《乡村振兴战略下农村人居环境整治》，载《中国特色社会主义研究》，2019（2）。

转移到亲友户口所在地，并由移民管理局根据人数和田地淹没的面积发放补贴。另一种则是带资进厂，也就是按标准领取补贴，并将户口转移到厂里，主要是怀化的纱厂、袜子厂、电缆厂、原料加工厂，还有沅陵的纱厂、水泥厂、琉璃矿场等。其余人则根据水库修建标准和淹没情况就近后靠，而这一部分村民又可分为两类，既淹田又淹地为“两靠”，每月每亩田有 50 元补贴；只淹田没淹房子则为“不靠”，每月每亩田 29.5 元补贴。尽管能拿到补贴，但对于很大一部分村民而言没有收成便没有收入。因此在 2007—2010 年政府又对这一部分村民提供了集中安置的政策，并在安置点为搬迁的村民统一修建房屋、分配田地，每个人大约能分配到 8 分田。

继续留在杨溪村的村民则根据就近后靠的政策搬迁至规定水位以上，而在这次搬迁之后，杨溪村村民的居住分布则由比较分散的状态转变为更加集中的聚落形态。水库的修建，使得杨溪村从一个自然资源丰富、生态环境较好的村落变为生态脆弱区，其生态问题也就比较集中地体现了出来。

生态问题是多样化的，其产生也是多种因素综合作用的结果，它既受到生态条件本身的制约，同时受到身处其中的人的影响。此外，政策的制定也发挥着主要作用。因而生态问题治理与解决需要多方力量共同介入。

通过为期一个月的田野调查，笔者主要关注了杨溪村的生态环境状况及其产生的问题，并聚焦于野猪问题、改厕及垃圾处理这三方面。这三个问题恰好体现了生态问题治理过程中的不同情况，或是冲突矛盾，或是博弈调和，也可能是和谐共赢。基于此，本章将从这三个方面展开。人作为环境中不可剥离的一部分，既依赖环境，也可能破坏着环境，而环境在为人们提供资源与生存空间的同时，也可能对人产生威胁。在这种情况下，政策的制定与实施显得尤为重要，因此笔者试图在对这三方面问题的探讨中，以政策作为抓手，探讨面对不同的生态问题时，相应政策的实施是如何作用于生态与人，以及如何影响两者之间的关系，最终又是如何导向，并针对具体的问题提出相应的建议。

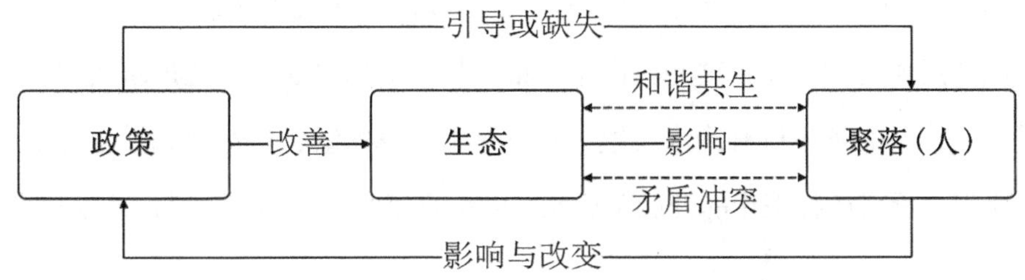

图 5-1　研究思路图

二、野猪的故事：在猪与人的矛盾中政策的缺位

（一）广阔的生存空间

由于水库的修建，杨溪村成为一个生态脆弱区，加之长久以来乱砍滥伐、开垦荒地，村内大部分地方面临着水土流失的问题，同时也受到泥石流、山体滑坡等自然灾害的威胁。基于此，恢复林地面积、大规模植树造林成为保持水土、防治自然灾害，以及恢复生态环境的一项重要措施。

因此，在 20 世纪 80 年代末和 90 年代初我国开始了飞播造林，杨溪村的大规模造林工作也随之拉开序幕。在 1989—1990 年这两年内，村民们开始集体砍、烧荒山，随后便是大面积的飞播。当时的飞播造林以松树为主，此后随着树木的缓慢生长，每村都配备了两个专门的护林员对林地进行管理。但是由于飞播造林存在着树种单一、林分稳定性较差、后期经营养护滞后、管理机制不健全等缺陷，[①] 所以成效并不明显。在与陈大斌老书记的访谈中，他如是说：

> 当时飞播造林的效果是不够好的，很多飞播的地方都没有看见成效，也就是说树没生长好，甚至是有的地方还没有树，是荒地，这也就是为什么后面还要继续搞退耕还林了。

① 李国雷、刘勇、郭蓓等：《我国飞播造林研究进展》，载《世界林业研究》，2006（6）。

因此，为了进一步完善植树造林工作，杨溪村顺应国家政策要求，于2001年开始了退耕还林工作，这是村内第一批大规模的退耕还林，通过落实到户的方式进行。当时的杨溪村有冷水溪组、和平村组、陈家组、瞿学组和学堂坪组五个村民小组，退耕还林工作的开展及后期补贴结合了当时各组实际情况相继展开。

> 冷水溪组、和平村组和陈家组这三个组原来是搞了水果开发的，种了水蜜桃、板栗、黄桃树这些，但是由于品种不好，收成不高，所以这一部分土地直接作为退耕还林的部分来处理了。当时（水果开发期间）的土地是由国家分配到户了，考虑到那个时候就分配得比较平均，所以这三组就以每户挖的树洞为标准来补贴，六十个洞作为一亩。剩下的瞿学组（当时是还未合并的两个村民小组，即瞿学组和学堂坪组）就是按户来分，但这些都有林业站的人来查验，合格之后才有补贴的。

但退耕还林并不是一项一蹴而就的工作，至少在杨溪村，退耕还林工作在2001—2003年依次进行了三批才全部完成，而其主要原因还是村民们对退耕还林的政策概念及其后期效益缺乏了解，环境意识较低，不肯为此舍弃他们一直以来赖以生存的土地。一位村干部说起当时的情况：

> 第一次有人不肯退，肯定就要去做工作，第二次再退，然后还有第三批……一年、一次性是退不完的，有的老百姓觉得我这个地好，要种玉米、种西瓜，但是栽上树之后这个地就变成集体的了，所以就不愿意退。

2003年最后一批退耕还林结束后，杨溪村已实现退耕还林589.1亩，此后便是长期的养护与管理工作。与前期飞播造林不同的是，退耕还林的树苗由林业站统一派发，后期的种植与养护则由该范围所对应的村民负责。林业站每年都有专人检查存活率，若达不到 85% 则会影响补贴的发放。按照规定，退耕还林之后的前八年补贴标准为每年 225 元 / 亩，若达不到标准则会根据林业站的规定对补贴资金进行扣款，包括对于不成活的树苗。除了责任对应到户之外，村内仍设有两名护林员，他们需要对村内的林地进行日常巡护，对管护区内的火情、乱砍滥伐林木、乱捕滥猎野生动物、乱征滥占林地等破坏资源的情况进行及时检查和报告。一位护林员向笔者介绍其工作：

> 护林员主要就是巡山，凡是有树的地方都要巡。要看看树有没有生虫、下雨天有没有发生泥石流、树木枯死这些。一个月要巡够 22 天，一般每天都去，巡一次最少五六个小时。现在几个月不是防火期（10 月到 4 月），一个月就要 22 天。防火期的话就要每天都去，干燥的时候容易起火嘛。目前还没有发生过山火。

林地面积的恢复所带来的成效是多样的。一方面，林地资源越来越丰富，大大改善了村内的生态环境，也带来了一定的经济效益；另一方面，随着生态环境的恢复，生物多样性也随之增加，此前由于生态环境被破坏而导致生存空间被不断压缩的动物们又开始重新出没在山林中，广阔的林地为它们提供了更为充足生活空间，野猪便是其中一种，但问题也就由此产生了。一位村民反映道：

> 野猪一直都有的，但是因为这几年树都长起来了，林子一深这个猪就越来越多了，特别是从去年开始，以前跑到山上去才有，现在它们都已经跑到这个下面来了。

当然，野猪数量的激增及其活动范围的扩大并不仅仅是由于林地的恢复，还有一个原因便是田地大规模的抛荒。自 1988 年五强溪水库开始筹备修建之后，移民搬迁工作也随之展开，1993 年开始便有村民通过带资外迁、带资进厂、集中安置等方式陆续迁离了杨溪村。此外，20 世纪 90 年代之后村内掀起了一股“打工潮”，进城务工人数越来越多，大部分人家只剩下老人、小孩，缺少青壮年劳动力。以上种种原因使得村内继续种田的人家越来越少，田地的大面积抛荒也成了一个普遍现象。而人变少了，野猪便就肆无忌惮了起来，将目光投向了村民们种的庄稼。村民说道：

它喜欢吃红薯、玉米，还有花生，而且特别聪明，（庄稼）还没熟的时候来都不来，只要东西一熟，马上就来了。有时候你看着那个东西还长得好好的，过去一看，什么都没了！我也不知道它为什么那么聪明，还有那个板栗，它就挑最好的板栗吃，差一点儿的它碰都不碰。

它很会算，很早就出去找吃的了，早上人还没去，它就已经去给你吃得光光的了，还有晚上人不在那里的时候，它一个晚上就把你种的玉米全都打断了。

尽管损失惨重，村民们拿野猪却是没有办法的。因为野猪是国家二级保护动物，这几乎是一道野猪的“免死金牌”，村民只能找办法吓走野猪，但却不敢伤到它，更不能捕杀它。因而在林地恢复、环境优化的同时，生态环境改善带来的部分隐患也逐渐显露出来。

（二）狭窄的田地范围

与野猪广阔的生存空间形成鲜明对比的是村民们越来越狭小的田地范围。在水库修建之后，虽然有些村民选择带资进厂或带资外迁等离开了杨溪村，但仍有很大一部分村民选择了留在这里。根据政策要求，在海拔 108 米以下的住户必须后靠，搬迁至 108 米以上，与此同时，108 米以下的田地也被尽数淹没。这也就意味着选择继续留在村里的人们一方面要完成房屋的搬迁，另一方面则要面临舍弃河边肥沃的水田，转到山上的旱地。虽然有一定的补贴，但是与此前每年田地的收成相比，政府补贴则稍显不足。在盘古乡的座谈会上，乡长也如是告诉我们：

> 包括杨溪村在内，整个盘古乡在五强溪水库的修建过程中，贡献是很大的。像三峡水库的修建，它的补贴政策要好很多，属于是赔偿性补贴，包括房屋、补贴金，都是有的，但是我们这边的补贴是补偿性补贴，相对来说就会少一些了，所以说这个水库的建成，我们这边的人可以说是付出了很多。

诚然，如今种地对于大多数家庭来说并不是唯一的收入，近几年青壮年外出务工在杨溪村已经成为一个普遍现象，在一定程度上缓解了家庭经济压力。但不可否认的是，尽管外出打工让家庭收入有所提高，在外的生活成本却也随之提高，因而对于留在家中的老人和小孩来说，种地的收成依然是补贴家用的重要来源。此外，村民祖祖辈辈以务农为生，对脚下的土地产生依赖和信任，尤其老一辈村民更愿意保留种地自给自足的习惯。

> 我们现在就种菜自己吃，不种怎么生活呢？我儿子、儿媳在外面打工，我就在家带孙子，都是我给（孙子）生活费。他们在外面打工还要租房子住，什么都那么贵，哪里还剩多的钱呢？而且有时候有多的（菜），还可以留给他们吃，他们在城里是吃不到的。那天我儿子跟我说想要辣椒，我马上就给他准备好了，过几天就要给他送过去。

除此之外，还有一部分原本是贫困户的家庭，对他们来说种地是全部的生活来源。尽管由于受到野猪的威胁，把地抛荒的人家并不是少数，但对于这部分人来说，地是非种不可的。笔者曾在一户人家问到为什么没想过把地抛荒，女主人回答道：

如果不种地，我们吃什么呢？就算是有野猪，我们收得及时还可以从野猪嘴里抢一点儿（庄稼）下来，可以自己吃，有剩的话还可以拿去卖。但是如果不种的话，那就真的是什么都没有了。

于是，越来越多的野猪频频来田间觅食，每每都将地踩得破碎，高高的玉米秆有时候一夜过去便再也不能立起来。因此有的人放弃耕种，任由土地抛荒，但很多人仍然在这里挣扎争斗，守着自己的庄稼，期盼来年能有个好的收成。

（三）政策缺位

在早期尚未全面禁枪时，也就是20世纪90年代末以前，村民们是能用猎枪打跑野猪的，将下山偷吃的野猪抓来吃也是偶有发生的事情。但由于生态破坏较严重，当时野猪的数量并不算多，不构成笼罩在田地间的阴影。直至1996年，中国开始全面禁枪，而野猪又于2001年被定为国家二级保护动物，村民便转而寻找其他办法来对付时常出现的野猪。

最开始还有人打，大概在20世纪90年代的时候。后来不行了，不让用枪，我们就换成用鞭炮、喇叭之类的。来得不多，很容易就吓走了，和现在不一样的。

那个时候还可以用铁网，好的就用电网把田给围起来，野猪来了，多被吓几次，发现进不来也就不会再来了。

可以看到，以往村民们对付野猪的办法是多种多样的，即使偶尔野猪的出现会给村民带来一定的损失，但总体上人和野猪尚且处于相互抗衡的状态。这就像上文所提到的，随着生态环境的恢复，森林面积逐渐扩大，野猪有了越来越广阔的生存空间，数量逐年增多，时常成群下山去田里找吃的。而水库修建之后村民主要集中在山上的旱地耕种，面对野猪所能采用的方法十分有限，渐渐地在这种人与野猪的对抗中显现出弱势。

> 现在这个野猪越来越多，你用那些办法都已经没有用了。放鞭炮、点灯，还有喇叭，这些我都试过了，没有用的。时间长了野猪根本就不怕，我的玉米全部被猪拱了，现在什么都没有了，连红薯都给你削得光光的。
>
> 有人说你放几个鞭炮，几个炮要好几块钱，以前两毛钱一个，现在都几块钱，我没有收入还放什么鞭炮。反正什么都没用，我把灯挂在那里它（野猪）就从下面走过去，根本吓不到它，我现在就搞个衣服穿着搞根棍子（是指稻草人），但是也没用。

如果说在20世纪90年代末，人们因允许持猎枪对野猪还有着绝对威慑力的话，那么如今的现状便是完全反转了过来——面对来势汹汹的野猪，村民们陷入了束手无策的境地。长久以来与人打交道的经验让野猪知道了什么可以真正拦住它们，什么又只是虚晃一枪。它们往往能瞄准地里作物最是成熟可口的时候，在清晨或是深夜前来，一击即中，用村民们的话来说，就是“真的像神仙一样”。当然也不乏村民重新用起了以前更为强硬的方法——拦电网，或者只是普通的铁丝网。大约是因为曾经的电网起到了一定的效果，野猪往往不敢靠近，即使是普通铁网，它们也会误以为那是电网，能够起到威慑的作用。但是采用这个办法的只是少部分，而会被网拦住的野猪也只有一部分，剩下的一部分要么能够翻过网去，要么会被网套住，而后者则会完全导向另一种局面：

> 我们都不敢拦，拦的话套死了怎么办？猪被套到了，时间久了跑不掉就会死，我们当然不敢套。去年有个人用套子把野猪套到了，后面把野猪拉走被罚了5000块钱。你说他划算吗？猪也被拉走了，钱也交了。你把野猪打死了，马上派出所就来人了。

笔者待在杨溪村的这段时间正好是玉米、西瓜、香瓜等不少作物成熟的时节，有一些村民为了守好自家的地，最终选择带着简易的床和农具，整日守在田里。这几乎是村民们最后的底牌，却也不是谁家都能用此方法的，至少对于家中只有老人和小孩的人家来说这几乎是不可能的。

野生动物保护政策就像金刚罩一样罩在野猪的身上，让野猪们能够肆无忌惮地在田间地里横行霸道，这令村民们感到无力、失望，最后转变成对政策的不理解。

图5–2　被野猪踩烂的玉米地

好在2021年7月初的时候由护林员负责登记并上报了各家田地的损毁情况，但目前尚未收到反馈，最终政策将如何填补空缺，村民们又会得到什么样的补贴还未可知。

水库移民、退耕还林，一方面导致水田被淹没，农民更多依赖山上的田地；另一方面环境变好，野猪毁地的问题又困扰着每家每户。农民种种应对措施的失效，加之以国家对于野猪的保护政策，使得农民陷入了束手无策的境地。此外，对于农民们越来越大的损失，政策却处于滞后甚至缺位的状态，这无疑造成了人与野猪矛盾的激化。

三、厕所改造：与需求结合的生态政策

（一）改厕的初步推行

厕所在人们的日常生活中扮演着重要的基础性角色。随着生产力的飞速发展以及人类文明的不断进步，厕所不仅仅是解决基本生理需求的私密空间，还成为一项重要的民生工程和“人类文明的尺度”，是人居环境改善中的“第一块基石”。

“厕所革命”最早由联合国儿童基金会提出，旨在改造发展中国家的厕所，是改善发展中国家地区公共卫生状况的重要环节。党的十八大以来，习近平总书记多次强调厕所革命在新农村建设事业中的关键地位。“厕所革命”的落实和推广对于实现中国乡村地区的振兴，推动乡村旅游产业的发展，改善乡村地区的卫生具有重要的意义。然而，中国许多农村地区的“厕所革命”仍处于起步阶段，更多地聚焦于以无害化厕所取代传统旱厕的“改厕运动”，更新村民落后的如厕卫生观念，以及改善乡村厕所的卫生环境。

在长达数千年的时间里，在以农耕为主的生产模式下，人畜的排泄物是给作物灌溉和堆肥的重要原料，因此厕所的形态主要以人厕与畜圈合一的“茅厕”

为主。除了生产方式的限制以外，特定地方人们的风俗信仰也对厕所之形态、选址等有着重要的影响。例如，刘勤、杨陈从民俗学的角度对四川汉源地区厕所的研究发现，汉源茅厕修建的时间、方位与民间的“犯煞”等禁忌与信仰有密切关系。[①]

到了20世纪五六十年代，随着经济与工业基础的逐步建立，工业文明也在中国大地上蓬勃发展，社会中的风俗习惯与人们的日常生活样式都迎来了翻天覆地的变化。与此同时，厕所作为现代人类生活中不可或缺的场所，其传统的形态与如厕文化也受到挑战，而新的生产与生活方式也呼唤着新型的、更贴近人们需求的厕所。

在新中国成立初期，农村中仍普遍存在“人无厕、畜无圈”的现象，人与牲畜的粪便得不到妥善隔离与处理，极大地污染了农村中的人居环境。另外，粪便中数以亿计的病菌使得肠道传染病成为危害乡村居民身体健康的头号杀手。因此，对环境卫生条件相对落后的乡村而言，开展厕所改造的工作是刻不容缓之务。

实际上，我国乡村中的厕所革命早在新中国成立初期便已展开，但不同地区乡村中厕所革命的进展速度与成效一直存在着不平衡的状况，农村厕所的改建工程主要依托“爱国卫生运动”开展。“爱国卫生运动”及相应的“灭四害”运动在国民经济恢复初期很大程度上改变了恶劣的公共卫生状况，阻止了传染病的流行。除此以外，“爱国卫生运动”还提出了“两管五改”以改善农村人居条件，即“管水、管粪，改水井、改厕所、改畜圈、改炉灶、改造室内外环境”。其中，厕所和畜圈的改良包括人畜粪便的分离、粪便的无害化处理等，以达到防止传染病流行和环境污染的效果。自20世纪90年代起，农村改厕开始正式被纳入各种政策文件中，并日益受到重视。例如，90年代，农村改厕被写进《中国儿童发展规划纲要》和《关于卫生改革与发展的决定》；2002年，

① 刘勤、杨陈:《畜圈、厕所与民俗信仰——基于四川汉源的调查》，载《民间文化论坛》，2018（3）。

《关于进一步加强农村卫生工作的决定》将改厕列为农村卫生建设的重点；2009年，农村厕所整改升级成为深化“医疗改革”的公共卫生服务项目之一。

根据《中国卫生健康统计年鉴（2018）》公布的数据，全国乡村地区的卫生厕所普及率已达到81.8%，无害化厕所普及率达到62.7%。可见我国农村的改厕实践已经取得了相当大的进展。2018年9月26日中共中央、国务院印发的《乡村振兴战略规划（2018—2022年）》，提出的主要指标中，农村卫生厕所普及率至2020年预期达到85%，要求推进“厕所革命”，加快实施农村改厕，“结合各地实际普及不同类型的卫生厕所，推进厕所粪污无害化处理和资源化利用”。

杨溪村的厕所改造便是在这个大背景下展开的，随着扶贫攻坚工作收尾，乡村振兴工程拉开帷幕，村内人居环境建设受到了各级政府的重视，而厕所改造工作则成为重中之重。

（二）从旱厕到水厕

厕所改造并不仅仅是厕所类型的变化，其中也包含着卫生观与洁净观的转变。因此，杨溪村从最初的宣传与摸底工作到厕所改造的正式开展经过了较长一段时间。

和大多数传统农村一样，杨溪村的村民以使用旱厕为主，少数家里有水厕。根据改厕之前村委走访所收集的结果来看，在走访的219户人家中，只有58户安装了冲水厕所，其余的161家仍在使用从前的旱厕，且装有水厕的人家大多数是随着近几年盖新房一起装的。受到长久以来的生活习惯和卫生观念的影响，他们仍更习惯洗浴室与厕所分开的形式，因此其中也不乏在屋外额外再搭一个简易旱厕的人家，而房屋里的厕所则用于主要洗浴和小便。笔者所访谈的一户人家便是如此：

屋里有厕所，但还是不习惯嘛，拉（指大便）在家里多脏啊，感觉还是不好。所以我们上厕所的话主要还是用外面这个厕所，再说了我们农民种菜种瓜，是要拿这个当肥料的。

在访谈过程中，笔者听到的类似回答还有很多，由此不难发现在家里上厕所脏、不卫生是所有村民们默认的事情，这与村民们长久以来的生活和劳作的习惯是相关联的：村民并不会及时处理厕所的排泄物，这是出于他们对粪便后期使用的需要，即大部分村民会用粪便来堆肥，所以会等一段时间后再统一处理厕所里的粪便，把它带到地里作为肥料使用。村民普遍认为农家肥比直接买来的化肥要更好用、更健康，种出来的菜的品质也更高。所以从这个角度来说，村民们不清理排泄物也具有一定合理性。

外面买的化肥不好用的，种出来的菜不好吃，哪有我们自己搞肥料种出来的好吃呢？就跟喂猪一样，是吃粮食的还是吃饲料的，差别都大得很，一口就能吃出来。而且这样也放心得多，更健康，要不然城里人为什么喜欢吃我们农村的菜呢，你说是不是？

但必须承认的是，这样积累粪便作为农家肥使用的习惯，使得厕所的脏、不卫生成为村民心里固化的印象，让村民在潜意识里认为厕所本就是脏的，所以没有打扫的必要，久而久之也就形成了一个死循环。因此，当厕所与“脏”“不洁”这样的概念挂钩，加之以水厕在取用农家肥上的不便，村民们便对在家中修水厕产生排斥心理。

正是因为以上种种原因，厕所改造工作在最开始的宣传与推行阶段进行得并不顺利，由于粪便污水处理不当所造成的生活污染问题也没能得到及时解决。沅陵县政府于 2019 年 6 月便已发布《沅陵县农村“厕所革命”专项行动方案》

等相关文件，引导各村进行厕所改造工作，改善人居环境，提高村民生活质量，并计划于 2020 年 1 月 1 前完成厕所改造以及最终的考核验收工作。但由于村民对由旱厕到水厕的转变接受度不高等原因，导致了厕改工作进度的滞后。

为了实现工作目标，加快各村人居环境建设，政府重视因地制宜，要求合理制定改厕方案，不仅要实现旱厕变水厕的目标，也要兼顾村民对于农家肥的需求，并于 2020 年在国家政策引导下调整了改厕的具体方案，即农村三格式户厕。农村三格式户厕由厕屋、卫生洁具、三格化粪池等部分组成，主要是利用三格式化粪池对厕所粪污进行无害化处理。三格式化粪池由三个互相串联的池体组成，经过密闭环境下粪污沉降、厌氧消化等过程，去除和杀灭寄生虫卵等病原体，控制蚊蝇滋生。[①] 简言之，不同于城市的水厕将粪便直接排放至下水道，三格式化粪池类似于兼具沉淀过滤功能的储存箱。这一方面避免了旱厕所造成的环境污染和对人体健康的危害，另一方面让取用农家肥仍得以实现。三格式化粪池一般有目字形和品字形两种（如图 5–3 所示），杨溪村则主要采取了目字形。

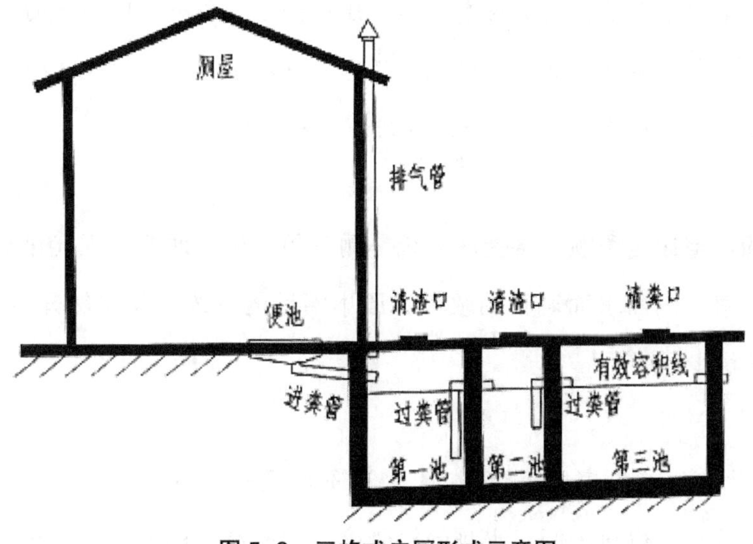

图 5–3　三格式户厕形式示意图

① 《湖南省农村厕所建设技术导则》，2020 年 6 月。

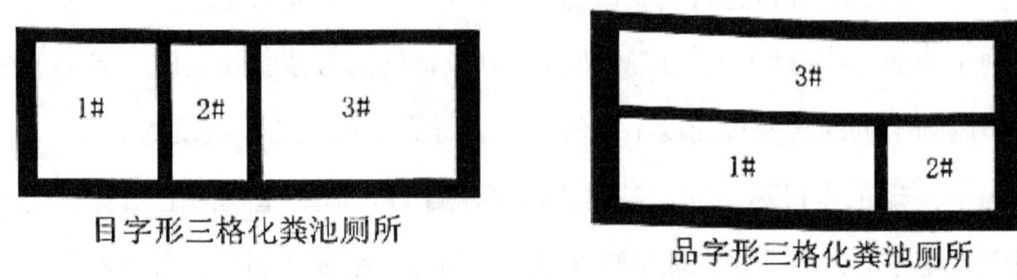

图 5–4　化粪池布置形式示意图

与简单的旱厕变水厕不同，三格式化粪池的设置在引导村民进行厕所改造的同时，满足了村民对于农家肥的需求，村民随时可以打开化粪池上方的清渣口取用肥料。此外，在化粪池安装的过程中，村民只需按要求在室内装好水厕，并在室外相应的地方挖好规定大小的坑以供化粪池放置，其余的安装材料和安装工作则有专门的技术人员负责并入户完成，且按要求完成改造后每户发放 300 元补贴。谈到这一政策时，村委会田主任讲道：

政策出来之后，我们村委都到各组通知了，各个村民小组的组长也给每家每户都做了宣传，现在已经有不少人家里已经在挖这个化粪池的坑了，都知道这个政策还是不错的，都在做准备。

政策的调整让村民顺利接受从传统旱厕到更卫生、便捷的现代化水厕的转变。因地制宜、因需求而调整的政策让原本滞后的厕改工作突然开启加速键，在杨溪村里稳步开展。

（三）化粪池与农家肥："现在的政策还是好的"

政策的调整使得村民们对水厕的接受度大大提高，而笔者待在杨溪村的最后几天，也适逢第一批化粪池的安装工作陆续开始，已有不少符合要求的村民开始着手准备自家化粪池的安装，开始按尺寸要求在户外挖基坑。

图 5–5　村民给化粪池挖基坑

大多数是抱着这种“试一下”的态度，第一批参与化粪池安装的共 95 户（姜胡组 15 户、陈家组 8 户、冷水溪 9 户、瞿学组 20 户、龚曹组 28 户、易家组 15 户）。第一户的安装工作是在易家组展开的，由承包该项目的专业人员负责进行，化粪池被运到这家人的门口时，已经有不少人围在了一旁，好奇的情绪像触手一样抓住了这些村民。尽管此前已经进行过宣传工作，他们仍是不厌其烦地问着新的化粪池装好之后厕所该怎么用、想要肥料还能不能拿得出来，就这样埋在外面会不会臭等问题。技术人员进行解答：

> 装好之后排放物就在里面层层过滤，你要用来施肥，就直接从里面拿，你不拿出来它就在里面自己沉淀，也不会污染环境。

技术人员一边安装，一边解释和演示，慢慢打破村民心中的顾虑——改造后的厕所相比之前更能将污秽进行集中处理，弥补了此前的传统旱厕所造成的环境污染和其他对于个人卫生与健康的危害，而农家肥的取用也极为方便。这

图 5-6 村里安装第一个化粪池现场图片

种与村民自身需求相结合的政策逐渐得到了更多人的认可，也正因如此，不少人在谈及此政策时都或多或少有了态度上的转变：

> 本来是没有打算装，但是现在不用你自己装，东西（指安装材料）也不要你自己找，我们能配合的肯定都愿意做的。其实我们老百姓的愿望很简单，只要真的是有好处，是为我们好，那我们肯定是接受得了。

就像此前已经提到过的，从旱厕到水厕的转变并不只是一个厕所形式的变化，它更是一种观念和习惯上的转变，而后者的变化往往是缓慢的。因而如今仍有一部分村民对于自家厕所是否需要改造犹豫不决，这是无可避免的。但我们必须认识到的是，无论政策如何引导，村民们总是能感知到其中的“为我们好”，他们心里也向往着那一份“好”，而改厕政策便是带着这样的一份“好”影响着人们。

厕所改造对于乡村振兴与建设有诸多益处。首先，在村民的生活环境与健康水平方面，以无害化卫生厕所取代传统的旱厕能够大大改善居民生活的卫生状况，并有效降低传染病的发病率和流行率。其次，在卫生观念与习惯上，科学的卫生常识和卫生习惯伴随着改厕运动进入农村，通过学校教育、乡村基层组织的宣传等途径逐渐深入人们的生活中，切实改善了农村居民的日常生活。最后，作为一项系统化的社会工程，乡村“厕所革命”不仅能够改善人们的如厕环境，而且还能促进农村的整体环境治理，包括水污染、资源利用等。

尽管厕所改造的实行已经是一种必然，但我们仍需意识到忽略因地制宜、忽视村民切实需求的政策推行是没有意义的。而这也是为什么“厕所革命”在推行之初始终进展缓慢的原因。当环境建设的需要与人们的生活诉求之间存在着可博弈的空间，政策如何兼顾与引导便很大程度上决定了问题解决的进程。在杨溪村的厕所改造过程中，三格式厕所与化粪池就是一个兼顾了环境建设问题与人的需求两个方面的典型案例。

四、垃圾处理：人居环境的和谐

（一）村庄清洁行动的推进

近年来，与厕所改造工作同步进行的还有村庄清洁行动，这同样是改善人居环境与建设美丽乡村的重要工作内容。随着经济的发展，一方面，城市生产生活垃圾激增，得不到有效处理和回收，不仅浪费资源，而且对环境也造成很大污染，[①] 农村承担了绝大部分的城市转移垃圾；另一方面，经济发展也使得农村的消费结构发生了重大变化，相应导致农村生活垃圾总量和成分数量快速增加。[②] 由于基础设施建设长期滞后、农村居民环保意识不强，垃圾往往无法得到及时处理，被随意丢弃在路边、河谷、农田，甚至会出现“垃圾山”腐烂变质

① 周大鸣、李翠玲：《垃圾场上的空间政治——以广州兴丰垃圾场为例》，载《广西民族大学学报》（哲学社会科学版），2007（5）。

② 杨荣金、李铁松：《中国农村生活垃圾管理模式探讨——三级分化有效治理农村生活垃圾》，载《环境科学与管理》，2006（7）。

的情况。如此一来，堆积的垃圾污染环境、破坏村容，降低了村民的生活质量，对村民的身体健康也造成了恶劣影响，因而推进村庄清洁行动也就成为建设美丽乡村、整治人居环境过程中迫在眉睫的工作。

杨溪村村规民约

一、住宅前环境整洁，做到无杂物、无杂草、无污水、无暴露垃圾，同时爱护门前绿化、环卫等公共设施。

二、楼道畅通清洁、无乱堆乱放杂物。

三、室内卫生达标，做到无蛛网、无积尘、窗明几净，六面干净。

四、常年坚持除四害，保证室内无鼠迹、无蟑螂、无蚊蝇。

五、搞好个人卫生，每天早、晚刷牙，饭后漱口，毛巾脚布一人一块，坚持做到勤理发、勤洗澡、勤剪指甲、勤换衣服、勤晒被褥。做到不抽烟、不酗酒、不随地吐痰、不乱抛乱倒杂物、垃圾。

六、遵守交通规则，做到分道行驶，靠右行驶。

盘古乡杨溪村民委员会

2020年1月20日

图 5–7　杨溪村村规民约

自 2018 年《农村美丽乡村整治村庄清洁行动实施方案》下发以来，杨溪村便在各级政府的指导下展开了人居环境的整治工作，持续推进村庄清洁行动，重点开展“三清一改”，即包括清运集镇、公路沿线、垃圾池、焚烧炉内的陈旧积存生活垃圾；清理河塘沟渠、排水沟内的黑臭水体；清理畜禽养殖粪污等农业生产废弃物；改变农村不良生活习惯，以期营造乡村保洁浓厚氛围，全面提升村容村貌，推动村内人居环境整治不断深入。同时，为了完善乡村保洁体系建设，村内设置了乡村保洁员，并将公益岗位、小组长、护林员等纳入保洁队伍统筹考虑，主要负责各个村民小组的道路保洁、垃圾清运与焚烧工作。

除了对乡村整体环境的治理外，村庄卫生工作的开展也注重对村民个人综合素质的提高和卫生习惯的培养。自 2020 年 1 月起，杨溪村在全村范围内每月开展“整洁村庄”行动，并按季度进行文明卫生评比专项活动。重点检查各农户屋内、院落以及房屋周边的卫生情况，通过这种长效评比制度来提高村民的卫生意识，纠正污水乱泼、畜禽乱放、垃圾乱扔等不良习惯。

（二）垃圾桶入户与焚烧炉的设立

如同厕所改造一样，村内清扫工作的进行也并不仅仅是清扫表面堆积的垃圾，它同样意味着人们清洁观的转变和卫生意识、环保意识的提高。笔者也将从个人习惯的转变和村内整体环境的变化这两个方面来展开论述。

长久以来，我国农村采用的垃圾处理方式无外乎填埋、焚烧、堆肥这几种，城市垃圾的处理方式也基本相同。但是对于不同的垃圾来说，并不是任意一种处理方式都合适。在乡村保洁制度体系与基础设施尚不完善的阶段，对于村民个人而言，他们往往更倾向于选择就地焚烧或堆肥这两种方式，除此之外便是随意丢弃，因而处理方式的不得当也是造成农村垃圾污染严重的原因之一。

> 以前有垃圾的话就丢在旁边，多了的话要么堆在田里，不好（指不适合堆在田里）的话就堆在旁边自己烧一下就好了，我们也都习惯这样处理了。

近年来村民的卫生习惯正在逐渐转变，主要有两个方面的原因：其一，随着农村经济的发展、村民的消费结构的变化，日常生活垃圾也随之增多，且食品包装袋、水瓶等不好处理的塑料垃圾占据了很大一部分，因而原本的就地处理已经变得不再方便，堆肥的方式也并不适用，这令村民们逐渐意识到垃圾处理需要更为集中、科学的方法；其二，随着杨溪村整体教育水平的提高，从学生到家长的环保意识都有所提高，加之以大量年轻人外出打工、返乡，村民们自发地更加向往清洁卫生的居住环境。由此村民的卫生意识整体提高，大部分村民养成了不乱丢垃圾、及时清扫的习惯。

> 有的人是家里有小孩嘛，现在小孩去上学都是要在学校搞清洁卫生的，每个班都有自己的公共区域（指各班需要打扫的地方），学校教好了，小孩子也就知道不能乱丢垃圾，大人也肯定会被影响的嘛。
>
> 农民没出过门，不知道什么是文明。现在年轻人出去打工，去广州、去深圳、去全国各地的都有。大城市的环保做得多好啊，回来之后跟老人家一说，现在老人家的素质也慢慢变好了。

图 5–8　放置于村民家门口的垃圾桶

在村民卫生意识普遍提高的基础上，政策引导就显得极为重要了，对村民个人卫生习惯有最直接影响的政策就是垃圾桶的发放。随着村内人居环境建设工作的展开，杨溪村为每户人家发放了垃圾桶。这一措施对于卫生意识本就比较好的农户来说是一种肯定和鼓励，而对于卫生意识相对较低的农户而言则是一种对于卫生习惯的纠正和鞭策——引导着人们把日常垃圾扔进桶中，而非随地丢弃或是堆积。

垃圾桶发了之后，你很明显地就感觉到街上的垃圾少了很多，基本上大家都能做到垃圾往桶里扔，你这样顺着一条道走过来很明显就会看到每家每户前面都摆了个垃圾桶，我是觉得你桶都放那里了，还往外面丢肯定说不过去的。

因此，垃圾桶的发放对于农户来说就像是到家的新成员一样，大家欣然接受了它，在它无声的鞭策下默默改变着自己从前的习惯，入户的垃圾桶几乎成为提高村民清洁与卫生意识的最好帮手。与个人卫生习惯与卫生意识改善相配合的是村内整体卫生工作的推进和基础设施建设的完善。在给各家各户发放垃圾桶的同时，杨溪村各个村民小组都设立了简易的垃圾焚烧池，并在集镇附近建了焚烧炉，如此一来，各组的垃圾都有了统一处理的地方，并由各组的保洁员负责。杨溪村的乡村保洁员共 12 人，每组 2 人，共同负责所在村民小组的道路垃圾清扫与道路两侧杂草枯枝的修剪，以及组内各户垃圾的统一收集与焚烧，这并不是一项轻松的工作。笔者在与一位保洁员谈到她的日常工作时，她如是说道：

道路清扫还有剪枯枝可以两天一做，但是每家每户地收垃圾是每天都要搞的，特别是夏天，如果隔上几天那简直是又臭又累，所以肯定是每天都要去收的。再就是上学的时候，那个垃圾真的是多得要命，小孩子上学放学都要买东西吃的嘛，有时候一天一趟都收不下来，恨不得做两次，但是我又没时间。一般的话我 6 点出门，要到 10 点多才能做得完。收完之后就运到焚烧池一起烧掉就好了，烧不掉的也是定期有人铲。

图 5–9　设于村民小组的垃圾焚烧池

图 5–10　集镇附近的垃圾焚烧炉

尽管这份工作做起来并不容易，但是它与培养村民个人卫生意识与良好习惯是相辅相成的——垃圾桶的发放督促农户注重自家清洁卫生、避免垃圾随地乱扔，有效减少了街道、河边等垃圾堆积的情况，也为保洁员回收垃圾提供便捷；而村内保洁工作的开展一方面改善了村落公共卫生环境，同时及时处理农户生活垃圾既是工作必要，也反过来帮助村民培养不随地堆积焚烧垃圾、垃圾及时入桶的习惯。由此形成了一个良性循环，更有利于人居环境整治工作的开展和美丽乡村的建设。

（三）环境和谐："周边的卫生环境有了很大的变化"

营造良好的卫生环境既是人居环境建设的需要，也是村民共同的愿望与需求。也正因如此，村内清洁卫生工作的开展才得以顺利进行。自 2018 年统一发放垃圾桶、修建焚烧炉，并于各小组设立垃圾焚烧池以来，村庄的清洁卫生环境已经得到了极大的改善。上一任负责集镇清洁工作的保洁员认为如今杨溪村的环境变化已经非常大了，他说以前这条街甚至被叫做"猪屎街"，因为当时大家缺乏卫生意识，加上家家户户都养猪，满街都是垃圾污秽，得不到及时清理，卫生状况非常糟糕。除此之外，杨溪村在设置保洁员这一岗位之初，也有一部分村民的配合度并不高：

> 开始的时候还是会有那种特别爱乱扔垃圾的，你说都说不听。你跟他讲要他别扔了吧，他理都不理你的。而且他们也习惯自己烧了，本来是要统一收的，但是有人还是会在家门口或者是带到地里自己烧了，包括现在也还是有人这样做。

在没有焚烧炉和焚烧池之前，全村的垃圾都得不到及时的处理。于是有的垃圾倒在河边，有的垃圾直接从山坡上倒下去，偶尔靠近河滩又或是走上某座山头的时候，都能看到腐化之后残存的垃圾。

在头两年的时候没有焚烧点，那几年全都是一车一车地送垃圾到山上，（山下面）有好大的一个湾，就从顶上丢下去，根本就是不烧的，都已经积山成海了，附近500米都不住人，跟现在哪里能比？

如今随着人们自身的素养越来越高，加之以政策的不断引导，杨溪村的清扫工作被有效推进，乡村卫生质量也不断提高。

如果是之前的话肯定想不到现在的卫生会搞得这么好，以前没有人管，自己也不愿意做，都只想管好自己的一亩三分地。所以说这个村里的卫生环境确实是有了很大的变化，大家都愿意搞，也愿意看着越搞越好。

过去与现在产生的巨大对比，让村民们回忆起来的时候都充满感慨。如今村民卫生意识的提高，加之村内清洁卫生体系的逐步完善与政策的正确引导，让人居环境治理工作踏上正轨，村庄卫生环境越来越好。

垃圾处理作为人居环境建设的另一个重要工作，在开展过程中是相对比较顺利的。干净整洁的农村人居环境既是环境自身发展的需要，同时也契合了农村居民对于更优质、更卫生的生活环境的追求。因而相比于在野猪问题中人与猪所体现出的激烈矛盾，以及厕所改造问题中所展现出来的两相博弈的关系，垃圾处理问题则是一种相互配合、和谐共赢的状态。

在这一过程中，无论是垃圾桶的发放还是村清洁卫生体系的完善与建设，政策在其中都起到了一个良好的引导作用，督促村民增强自身的环保意识和卫生习惯，实现长效治理的目标。

五、反思与总结

野猪、厕所改造、垃圾处理这三个不同的问题，呈现出来的是人与自然环境、与生态环境的不同关系与状态。但无论两者之间矛盾激化，如何博弈倾斜，我们所寻求的结果从来不是“你死我活”，而是要实现和谐共生。

在本章中，笔者试图以政策为抓手来呈现人与生态环境两者之间如何彼此影响又如何变化发展。野猪、厕所改造和垃圾处理这三个问题则能够反映出三种不同的情形：在野猪的问题上，政策的天平偏向了矛盾中的一方即野猪，使村民损失极大，也导致这一矛盾变得更加激烈，还需出台政策予以解决。厕所改造这一问题所涉及的并不只是简单的所谓“旱厕”到“水厕”的设施形态的变化，究其根本，是一种生活习惯与洁净观的转变。因此即便是在厕改行动势在必行的情况下，我们也应该关注政策该如何因地制宜、如何根据村民的需求来调整，而厕所改造已然步入正轨的杨溪村则完整地展现出了政策是如何调整直至能够迅速开展的。而垃圾处理问题则是我们面对生态问题时更期待的理想状态，即生态环境建设的目标与人们追求更高质量生活的需求相契合，在这种关系中，政策更多地扮演着催化剂和引导者的角色，推动“目标”和“需求”尽快转变为现实。

生态环境的治理是一个长期的工作，不能一蹴而就、一劳永逸，因此政策如何引导、如何实行便显得尤为重要。通过为期一个月的调研，笔者认为一个生态问题的解决或改善，需要政策切实地落在问题本身、落在人本身，而不是飘在空中，更不是滞后缺位。面对一个具体的生态问题，抑或是人与环境的矛盾，政策的落实并不能只偏向某一端，而是要将问题的两端都放在天平之上，选择最优方案。同时也应该抓住问题的症结所在，关注人的需求，从而决定政策的引导方向。

第六章　杨溪村科技下乡

一、问题的提出

顾名思义，科技下乡即是把现代农业生产科学技术输入、引进、应用到乡村社会的过程。因其最终要改变的是乡村传统的生产方式及农民在现代农业科技研究方面的弱性，所以，科技下乡实际表现为政府与非政府组织力图通过现代农业科技对乡村社区发展所实施的干预活动。[①]

在以往的研究中，基于对现代化保守谨慎的态度，一些研究者对科技下乡持反对立场，认为这将破坏农民自给自足的独立生活形式。[②]但是，随着社会的发展，越来越多的农民受到外来科学技术的影响，一些有识之士意识到科技对于中国农村发展的重要性，并在实践上做了有益的尝试。张慧鹏研究发现，新中国成立之后，农民之所以很快走上石油化工之路，主要与各种外来科技知识的传播有关。[③]然而，直到20世纪80年代中期，科技下乡才正式被政府作为治国兴农之策而开展，国家通过行政力量大力开展科技下乡运动、鼓励大学生等社会力量深入农村做科普宣传，对乡村发展起到了很大的促进作用。与之相应，

① 秦红增：《乡村科技的推广与服务——科技下乡的人类学视野之一》，载《广西民族学院学报》（哲学社会科学版），2004（3）。

② 唐伟：《科技下乡的社会基础——以Y省J村柑橘品种改造过程为例》，载《南京农业大学学报》（社会科学版），2021（1）。

③ 张慧鹏：《中国农业是如何走上石油化工道路的？——农业生产方式转型的体制机制动力》，载《开放时代》，2016（3）。

科技下乡的研究也日渐深入，如关于农业科学技术推广应用研究①、农业产业化经营研究②和文化农民的研究③等。通过阅读相关文献，笔者发现较少有研究者关注科技下乡过程中各主体的互动关系与变化趋势。总的来说，科技下乡是中国农村现代化的一个重要机制，也是中国农民在现代化大潮中接受思想更新与理性培育的重要实践过程，值得学者进一步探索研究。

二、科技下乡概况

（一）生产机械化

1. 葡萄种植产业

杨溪村最具特色的致富经济作物当属“阳光玫瑰”葡萄，其糖分含量高，挂果期长，不裂果，耐贮运，品质优良，被誉为葡萄中的“爱马仕”。“阳光玫瑰”葡萄园种植基地的建设与产业扶贫息息相关。2017 年，在扶贫政策的驱动下，怀化市扶贫开发领导小组发布了《关于下达 2017 年第一批市级财政专项扶贫资金计划的通知》，为沅陵县安排了市级财政专项扶贫资金 650 万元，市委工作队驻点联系了包括杨溪村在内的 13 个贫困村的扶贫脱贫工作。在此政策下，当地村民成立了杨溪农民合作社，进行产业开发、科技富农、科技兴农。村支两委和工作队先后到附近县市进行产业学习，到怀化百果园深入走访，并聘请专业技术人员进行实地考察以精选确立产业项目。村委会和农民合作社经过深思熟虑，最终将“阳光玫瑰”葡萄种植产业正式确立为杨溪村扶贫产业实施项目之一。接着，杨溪农民合作社与怀化市双村葡萄种植农民专业合作社签订合同。合同约定怀化市双村葡萄种植农民专业合作社负责杨溪村“阳光玫瑰”

① 张平淡、艾凤义：《科技下乡服务的长效机制》，载《科技管理研究》，2007（12）。

② 尹成杰：《农业产业化经营与农业结构调整》，载《中国农村经济》，2001（5）。

③ 秦红增：《乡村新网络专家：文化农民——科技下乡的人类学视野之四》，载《广西民族学院学报》（哲学社会科学版），2004（6）。

葡萄园种植基地建设的技术指导，全程涵盖建园、设备配置、种植技术、产品销售等各个方面。该项目于2017年9月23日开始建设，截至2013年11月28日完工。

随着扶贫工作的进一步开展，2018年经支部提议、村两委商议、党员大会审议，杨溪村继续深入葡萄开发项目，培育种植“阳光玫瑰”葡萄，并对葡萄园公路进行了硬化。但是，“阳光玫瑰”葡萄的培育种植面临着巨大的挑战：一方面，“阳光玫瑰”葡萄的生长周期较长，正常管理条件下，第一年建园，第二年开始结果，第三年才开始进入丰果期，因此前期投入比较大。另一方面，“阳光玫瑰”葡萄的栽培对技术有着较高的要求。“阳光玫瑰”葡萄采用的是棚架栽培定植的方式，前期的准备工作十分烦琐，需要整地、抽沟、安装水泥柱子、搭建木架。在葡萄种植的过程中，要进行枝蔓管理（如留芽、绑蔓、摘芯），土壤管理（如施肥和灌水、除草），病虫害防治（如农药喷洒）等。另外，每年冬季还要对葡萄进行冬剪，而过早、过晚修剪都会对树体造成严重损伤，引起植株生长衰弱。“阳光玫瑰”葡萄较高的种植和管理技术，一方面给杨溪农民合作社依托葡萄种植脱贫提出了巨大的挑战，另一方面为杨溪打破传统农业生产模式、创新现代化农业生产提供了机遇。

表6–1　杨溪村葡萄种植建设资金预算明细

序号	事项	金额（万元）
1	新开挖葡萄基地30亩	4.65
2	新开道路200米，宽5米	1.25
3	水电配套，线路总长500米	3
4	基地房建设120平方米	4.8
5	租地30亩	0.3
6	整个基地开发30亩	39
合计		53

2. 小型耕地机和小型电动抽水机的使用

耕地机和小型电动抽水机是杨溪村使用较多的两类农业机械。受丘陵地形和环境保护、退耕还林政策的影响，村内种田户数逐渐减少，田地大多是靠近沅江平整的低洼之地。因此，凡是种田的村民大都有一台小型耕地机（全村种田户数中，只有 8 户仍在选用水牛耕地，瞿学组、陈家组、龚曹组各 1 户，江湖组 2 户，易家组 3 户），其小型耕地机都是村民们自己坐船前往沅陵县城或坐车赶往稍近的筲箕湾购买的。

由于地形的复杂性，村民们选择的小型耕地机有以下几个优势：价格便宜，三四千元一台；体积较小，机身轻巧灵活，把手可以 360° 旋转，耕作区域受地形影响较小；操作简单，很容易上手，村民们都说不需要人教，看看就会了；只要耕地机一发动起来，就用手推着走，轻松自在；小型耕地机加上油就能跑，维修保养简单，使用成本较低，相比传统的养牛耕地轻松了许多，用牛耕田，还要喂牛，每天要去给牛割草喂食，抑或出门放牛，辛苦得很；生产效率高，村民们平时用它来犁田、耕地、开沟、培土，一亩地 30—40 分钟就能搞定，一两个小时就能轻松耕作以往一头牛一天耕的地，极大地提高了农业生产效率。

除了小型农耕机的使用，最近几年杨溪村也开始使用大型机械收割稻谷。大型机械来源多样，有江西的、浙江的，还有少量本地的，其使用按照亩数收费，一般每亩 100—120 元，全村 100 多亩地两三天就能收割完毕。这样经济高效地收割稻谷，既降低了人工收割的成本，也减轻了人工收割的辛劳，这让在外务工的青壮年农民工可以安心务工，不像以前那样急着赶回家收割稻谷。更重要的是缩短了收割的时间，加速抢收抢晒成熟的稻谷，避免了因阴雨天气不能及时收割而造成的粮食损失。大型机械在杨溪村的使用和推广中，村委会始终扮演着主导角色。村委会按照农时定期向外联系机械团队，并负责向村民们宣传，组织机械高效运作。在 2009 年杨溪大桥建成通车之前，村委会还需额外支付运送大型收割机械过河的船费 1600 元，将机械运往各个村庄；而杨溪大桥通车后，大型机械团队进入村庄变得极其便利，现在已经不再需要村委会特意组织，一到收割稻谷的时节，机械团队和村民都会自发汇聚在田间地头。

小型电动抽水机在杨溪村的使用十分普遍，村里差不多每户都有一台抽水机。电动抽水机的操作十分简单，首先将抽水机搬运到离田地较近的水边，然后将水管连接到需要灌溉的田里，最后接通电源，水就会被抽送到需要灌溉的田地里。村民们购买抽水机需要坐船到沅陵县购买，一台抽水机四五百元，同时还需要购买灌溉的水管，价格每根在20—90元。早在七八年前，村民们就开始使用小型电动抽水机了，相比以前人工挑水灌溉，省力省时高效；与柴油机相比，小型电动抽水机体积更小，重量更轻，便于搬运；其也不像柴油机那样要加注柴油，从而增加抽水的成本。更重要的一点是，柴油机发动更困难，需大力快速摇动柴油机转轮才能发动柴油机，偶尔还有摇柄来不及退出随着柴油机快速转动而伤人的事件发生，而小型电动抽水机只要合上电源就能对田地进行灌溉。小型抽水电动机的使用，大大降低了因干旱而减产的风险，确保了粮食的稳产增产。

3. 农药、化肥的普遍使用

当前，化肥、农药的使用在杨溪村已经全面普及，村民们使用农药和化肥的技巧也得到提高。随着环境保护政策导向和新技术的宣传推广，对于农药和化肥品种的选择，村民的自主性增强。在多年的种植实践经验上，村民根据自己所掌握或了解的病虫知识或是通过阅读相关的说明书，自主选择品种，不再盲目施肥和打药。同时，村民们的安全意识也逐步增强，知晓了农药见光容易分解和挥发毒气，因此农药都存放在密封隐蔽处，避免孩子和畜禽接触和误食。随着农药、化肥的全面使用，村民们也开始反思农药和化肥的危害。村民们对有机磷农药抗性认识和安全意识不断提高，高毒农药品种的使用量显著下降，富含高毒有机磷的农药已停止使用；一些高效、低毒、低残留农药已成为主导使用品种；在化肥的使用上，一些村民开始回归使用原有的农家肥。

（二）生活信息化

1. 手机的普及

杨溪村的村民今天也和城市居民一样享受着互联网等信息高速公路带来的便捷。杨溪村的瞿学组 2003 年就已经通网，另外 5 个组（分别是陈家组、易家组、姜胡组、冷水溪组、龚曹组）都在 2021 年陆续开始铺设网线。在信息时代的影响下，手机已经成为生活必需品，走进千家万户。除了未成年的孩子外，人人都拥有一台智能手机。村民们除了使用手机打电话外，休闲娱乐也成为手机的主要功能之一。在杨溪村有一股“抖音潮”，很多村民用手机刷抖音，并将自己的生活记录下来发布到抖音上，同时村民们相互之间也会关注和点赞。抖音的发布和使用极大地改变了村民们日常的交流和信息获取的方式，例如村里发生的大事和小事都能立即在村民发布的抖音中获知，并快速在村里传播。

2. 二维码的使用

随着互联网和移动支付在农村地区的发展，杨溪村的村民也开始使用二维码进行支付。目前杨溪村一共有 7 家小卖部，最近两年都陆续开通了微信和支付宝的二维码支付。小卖部的老板说申请二维码十分简单，只要在手机上打开支付宝点击开通商家收款码，补全信息资料和提交所在地址就能成功开通。同时，支付宝和微信都有“官方寄送”的服务，只需要支付一定的金额，就可以收到二维码的支架和贴纸。在杨溪村，“80 后”和“90 后”村民是二维码支付使用者的主要群体，他们都乐于接受这种移动便捷的支付方式。但是，村里大部分 60 岁以上的老人未使用二维码支付，仍然采用传统的现金支付方式，他们认为二维码支付看不见、摸不着，并且支付过程太过麻烦，难以学习和理解，而传统的现金支付方式直接明了，踏实放心。

3. 网络办公

随着科技的发展与普及，杨溪村村委组织运作方式越来越受到互联网的影响。以前农村的工作模式以实地考察和走访为主，村里的所有事都需要在村委会或者村小组开会决定。但是，随着互联网等技术的进入，这种传统的工作方式得以改变。笔者调研期间村里正在核对社保卡数据，以前村委登记和核对社保卡数据必须挨家挨户到村民家里走访，现在绝大部分的工作已经交由手机完成：首先村委通过手机以短信或电话的形式通知村民们核对社保卡，然后村民们会将相关照片、资料发至微信群里或者村干部个人，最后村委只需将收集起来的照片和资料进行整理和核对。像这样利用手机进行网络办公的形式，在杨溪村已经十分常见。杨溪村的村干部提到，手机、电脑和网络已经成为他们工作不可缺少的一部分。在他们的工作中，每天需要打很多电话，一个月可累计高达 3000 多分钟的通话时长。除了手机办公，微信办公也成为常态，上到上级政府建立的工作群，下至杨溪村村委自己建立的服务群、工作群，微信办公正成为杨溪村现代办公的主要标志。

互联网科技的普及，不但改变了杨溪村委会传统的办公形式，极大地提升了工作效率，而且畅通了杨溪村与外界的联系，拉近了农村与城市的距离，使物物互联，地球一村。如果没有网络办公这一条件，要准确无误地核对在外地打工村民的社保卡，那几乎是不可能的事，但互联网却让这件难事变得易如反掌，只要动一动手指和键盘就能轻松解决。

三、科技下乡的主体

根据上文可知，乡村科技推广的表现形式是多样的，涉及农村产业结构调整、种植和养殖技术、村委组织方式等乡村生产、生活和组织的方方面面。从中我们也可以看出，科技下乡包含着政府、农民和资本三大主体，科技推广基本上是在政府的引导、扶持，甚至指令下达，自上而下展开的，农民被动接受或主动适应一系列科技成果。除了政府和农民的双向互动，随着农业科技体制企业化改革步伐的加快，在乡村科技推广体系中，资本的作用日渐凸显。

（一）政府组织：科技下乡的主导者

在乡村科技中，政府占据主体地位，目前已经形成省—地区（地级市）—县（市）—乡（镇）自上而下的五大垂直推广组织体系，担负着国家技术推广的任务。盘古乡政府的一位农技人员告诉笔者，他们的技术培训是层层递进的，形成了从省—市—县—乡—村的模式。作为乡级的农技人员，每年都会参加农业农村局组织的技术培训，接着把学到的专业知识传授给驻村干部、每个村的专业合作社成员和普通老百姓。其培训的主要内容涉及农业生产技术的方方面面，如种植技术、病虫害防治等。

从杨溪村科技下乡具体的实施过程中可以发现，科技下乡除了具有提高农业生产力的经济意图外，还具有重要的政治理由。事实上，乡村科技推广项目是国家传达政治意愿的一个载体，希望通过科技下乡把农村生产纳入国家整个建设大局中。这样的宏观愿景在一定程度上赋予了政府强有力的行政权力。换句话说，科技兴农和教育兴农的政策在根本上是希望以科技激活农村，以科技动员起农村的生产力潜力，实现农村的现代性生长。因此，政府推广科技的首要模式是借助行政运作。作为国家实施“科教兴农”的主要作为者，政府通过有效的行政手段向农村地区源源不断地输入着科技成果，常常会形成一级“压”一级的现象：省里“压”县市，县里“压”乡镇，乡镇“压”村里，使将要推广的科技项目以政策的形式贯彻到乡村。[①]政府下达“硬性任务”或“硬性指标”的行政运行方式，一方面节约了时间，提高了效率；另一方面这样略带强制性的推广形式，容易脱离实际情况，忽视农民内心诉求。盘古乡的农业生产合作社的建立与运行也表明了这一点。

个案一：农业生产合作社的建立

农业生产合作社的建立与产业扶贫紧密相关，为扎实推进产业扶贫工作、

① 秦红增：《乡村科技的推广与服务——科技下乡的人类学视野之一》，载《广西民族学院学报》（哲学社会科学版），2004（3）。

创新产业扶贫模式，沅陵县制定以农业经营主体（农民专业合作社）带动贫困户发展的政策：“一是，各村需要依据实际情况成立各自种植或养殖专业合作社；二是，专业合作社必须与有自主产业的建档立卡贫困户建立利益联结机制；三是，专业合作社与贫困户当年分红不低于县对专业合作社当年发展产业的奖补资金。”上文杨溪村的葡萄园专业合作社就是在这一政策背景下发展起来的。

除了对于大的政策决议的制定，政府组织在专业合作社建立和相关技术推广过程中发挥着举足轻重的作用。一位农业局的工作人员告诉笔者：“从2012年扶贫攻坚工作开始，县政府来文件让每个村建立一个特色的专业合作社，由贫困户自愿加入到里面，享受效益分红，从而带动贫困老百姓致富。产业的选择是根据各村的特点来进行的，比如盘古乡三洲村的三洲西瓜最有特色，早在七几年、八几年就在沅陵县特别出名了。三洲西瓜又香、又甜、又沙，后面在政策的引领下，由村委会来带头成立了沅陵县三洲西瓜种植合作社，西瓜种子由村部统一购买，由贫困户出劳动力除草、耕种，收益出来过后由大家一起分红。作为政府人员，我们要积极贯彻产业扶贫的政策，同时也要确保农村专业合作社能够正常运行，作为农技人员我们会定期下去对专业合作社的人员展开技术上的交流与培训，教导他们病虫害的防治技术、农药化肥的使用技巧以及保温防旱的技能等。”

接着，笔者询问了每个村在具体经营农业合作社时有没有遇到什么困难，他停顿了一会儿说道：“当然。虽然政策制定的出发点是为农民考虑，但是在实际操作中常常会遇到各种各样的困难。举个例子，当时要求孕妇去乡镇府卫生院孕检，大家一开始都不愿意去，后来慢慢才开始接受，不用去催自己就主动去检查。这几年脱贫攻坚，开始去叫他们弄专业合作社的时候，老百姓觉得那个有什么效果呢？还不如直接发钱！但是，经过我们逐步入村入户去做思想工作后，老百姓开始接受这个项目了。我们告诉老百姓这个产业做起来了会带来怎样的好处，以及这个项目需要大家用心去做，不单单是我们用心给大家指导、推广技术或者搞产业项目就可以成功的。在我们政府工作人员不断努力下才慢慢形成现在的可观情况。”

尽管如此，村集体的产业在管理方面还是面临着许多问题，如有些村子的积极性还是不高，同时具体的产业管理也缺乏专业性的指导。他继续说道：2021 年全面脱贫之后，以杨溪村为代表的一些村子开始将村部分产业实行承包制。承包之后，工资大多采取日结的形式，不拖账，因此大家都想把这个产业做好。盘古乡虽然现在承包的有，但是并不多。如小棚村在脱贫攻坚时期，发展大棚西瓜产业。它不像三洲西瓜那么有特色，但还是发展了 10—20 亩大棚。现在也承包给了个人，管理较好，每个月都有收入，带动了全村全面脱贫。

表 6–2　专业合作社情况统计表

村名	专业合作社名称
安龙头村	沅陵安胡小龙虾养殖专业合作社
董家坪村	沅陵县福林蔬菜种植专业合作社
桂花溪村	沅陵县俏香妹辣椒种植专业合作社
红岩村	沅陵县红德种养专业合作社
荔溪口村	沅陵县顺安养鱼专业合作社
岭头村	沅陵县鑫富园专业合作社
木洲村	沅陵县木洲坪养蜂专业合作社
盘古村	沅陵县星鹏种养专业合作社
青木村	沅陵县青木蔬菜种植专业合作社
三洲村	沅陵县三洲西瓜种植专业合作社
舒溪口村	沅陵县盘古茶叶种植专业合作社
双溪村	沅陵县白马水果种植专业合作社
跳岩村	沅陵县龙富黑山羊养殖专业合作社
溪门桥村	沅陵县溪门桥水果种植专业合作社
小澎村	沅陵县小澎村蔬菜种植专业合作社
杨溪村	沅陵县红岭坡葡萄种植专业合作社

（二）农民：科技下乡的接受者

1. 普通农民

绝大部分的普通农民，在科技下乡中大多扮演着接受者的角色。对于他们来说，任何一个推广项目都是一场冒险。首先，项目的实施成果直接与农民的收入挂钩，除了政府的一些扶持外，绝大部分人力、物力、财力都需要农民自己投入和承担，大多数人难以承受失败的后果。其次，农民对于一切新事物的认识与接受总是习惯性地与土地和农村生活结合在一起，他们在遭遇新科技时也是一样，这限制了他们认识和接受科技的视野。他们常常会认为新事物不适合自己，不如自己传统的技艺和耕作方式，因此当科技项目下达乡村之后，初期无论是"压"还是"诱"，农民都很少认同，如上文的农村专业合作社就是如此。

个案二：农民的担忧与农技人员的辛酸

在访谈中，一位村民表达了自己对于葡萄园产业开发的态度。当政策下达的时候，他内心是欢迎的，因为这可以帮助他们贫困户脱贫。但是，现实问题是杨溪村之前很少有人种植葡萄，特别还是"阳光玫瑰"这种新兴的品种，他们一点儿种植经验和基础都没有，没有信心能够种植成功。何况这是集体产业，没有他一个人的帮忙也没有关系，如果种植失败收成不好还会影响自己田地的耕种。因此，盘古乡的农技人员宣传了一轮又一轮，尽管如此，村民们的积极性始终不高。

乡里一位农技推广人员向笔者讲述了自己工作的艰难：下去推广工作和技术，老百姓不认可你，他们认为世世代代种田、种西瓜、种玉米都种得好好的，成立一个专业合作社能干什么呢？我们也能理解他们的顾虑，比如杨溪村的葡萄种植三年才挂果，老百姓总是会担忧三年后，不挂果怎么办？他们承担不起这样的风险。我们农技人员能做的也只是将具体的项目解释清楚，同时为他们提供技术支持，帮助他们管理好种植或养殖产业，打消他们的顾虑。

农民们对现代科技的排斥行为，正如斯科特在《农民的道义经济学——东南亚的反叛与生存》一书中所指出的，在千百年的经济、社会生活中，农民最大的生存伦理就是“安全第一”。[①]在没有十足把握的情况下，农民很难创新和接受新鲜的事物。[②]在杨溪村，葡萄园产业的建立固然是好事情，但是对习惯了原有生产和生活模式的村民来说，他们不仅需要物质保证，还需要长时间的心理保障，才有勇气接受科技下乡带来的新事物对于传统体系的冲击。虽然盘古乡农业部门的领导和技术人员在技术扶贫、科技下乡上有着很强的责任心，但还是难以完全贴近农民真实的生活现实，因此难以完全获得农民的信任并调动他们的积极性，需要花费大量的时间去落实项目的实施。

2. 村干部与乡贤：科技下乡的带头者

遇到上述情况，借助村干部或者乡贤的力量成为可行的方法之一，先把他们的思想做通，再通过这些人动员亲戚朋友、街坊邻里参与到相关项目中。通过杨溪村的调研可以清楚地发现，村干部和村里的精英人物在乡村科技推广中占据十分重要的地位：农村那些依靠科技先富起来的人成为村庄内具有眼光的农村精英，他们对于农村经济文化生活持续产生着影响。

个案三：“技术高超”的姜组长

杨溪村葡萄种植园能够成立并成功运营，离不开姜组长的努力。姜组长不仅是村委干部，也是村委的养殖大户，在村里有着极高的威望。其原因是，姜组长的父亲以前是村里的副书记，如今已经94岁高龄，有着60年的党龄。在父亲的教导下，家里的孩子都十分有出息。姜组长笑谈自己是家里最“没出息”的孩子，因为自己只有初中学历，姜组长一生都扎根在杨溪村这个地方，带领村里的人脱贫致富。他曾担任杨溪村村委会的主任，负责村务管理等事项，深

① ［美］詹姆斯·C. 斯科特：《农民的道义经济学——东南亚的反叛与生存》，程立显、刘建等译，24页，南京，译林出版社，2013。

② 唐伟：《科技下乡的社会基础——以Y省J村柑橘品种改造过程为例》，载《南京农业大学学报》（社会科学版），2021（1）。

得村民们的信任。卸任主任后，姜组长被冷水溪小组的村民推举为组长，同时自己出来创业搞养殖，因为这里母猪多，没有种猪，于是姜组长从上海买了1头种猪，花费了11800元。除了种猪，他还买了3头太湖母猪，1头20斤的母猪大约花费3800元。姜组长家里一年养殖100多头猪，临近春节卖掉80多头，只会留下20多头供家里吃或继续繁殖喂养。姜组长带领笔者参观了自家的猪圈，猪圈是独立的房子，位置距离组长家很近。进入里面，一股凉风袭来，原来是姜主任为了防止它们中暑，在猪圈里特别架设了十几台大电扇。姜主任说："别看这几台电扇，耗电量却是极高的，我每个月光交电费就要花费1000多元。除了防止高温，猪圈还要定期消毒，最近在闹非洲猪瘟，很多人家里的猪都出事了，就我们家没出事。"当笔者问到养猪技术是从哪里获得时，姜组长笑道："大部分是自己看书学习的，有自己买的书，也有政府农业部门定期发放的书。还有一部分知识是从乡里的农技人员那儿学会的，他们定期会到村里对养殖大户进行培训。别觉得养猪简单，这可是个技术活儿，从饲养管理、生猪繁殖到疾病防治都需要专业的知识和技能。"

姜组长由于勤奋踏实、头脑灵活，不久就精通了养猪技术，很快就创业成功。因此，村里的人都公认姜组长在养殖技术和赚钱方面很有头脑，每次盘古乡工作人员组织村民开会，姜组长都会组织村民参加，村民也十分乐意。当杨溪村的农村专业合作社建立的时候，盘古乡工作人员得知这一情况，于是与姜组长以及其他村委进行了交流，鼓励姜组长起带头作用，最终姜组长成为杨溪村专业合作社的法定代表人，带领村民脱贫致富。后来，在姜组长的带领下，村支两委和工作队先后到附近县市进行产业学习、到怀化百果园深入走访，也请专业技术人员来杨溪进行实地考察。最终，杨溪农民合作社与怀化市双村葡萄种植农民专业合作社签订合同，至此杨溪村红岭坡葡萄种植专业合作社正式成立。事实证明，选择姜组长担任负责人是一个正确的选择，因为在实际技术推广和产业落实过程中，姜组长不仅自己掌握了葡萄种植技术，而且还将自己掌握的技术传授给了在产业园做工的扶贫户，使他们很快就掌握了葡萄的栽培、种植和管理技术。

我们可以看到，在杨溪村红岭坡葡萄种植专业合作社的建立过程中，村民们之所以能积极参与到其中，与姜组长的带头作用有着很大关系。首先，作为一个先富的农民精英以及曾经的村委会干部，姜组长在村里有较高的名声、威望；其次，姜组长带领村委会干部、精英人物、权威人士外出考察，到项目做得比较好的地方参观，增加了村民们对葡萄种植项目的信任；最后，姜组长认可接纳葡萄种植等新兴技术并亲自实践，最终将原本抽象、难以理解的专业技能转变为通俗易懂的话语传授给村民。杨溪村葡萄种植产业的成功建立，充分展现了村干部或精英人物在科技下乡过程中的带头与示范作用。

（三）资本：科技下乡的推广者

与政府依靠强大的行政力量不同，资本在乡村科技推广中大多依靠自身科技实力、信誉度以及给予农民特定优惠条件来展开工作。最常见的是通过免费开展技术培训、提供技术咨询、允许赊账、实行产供销一条龙服务等手段，来达到盈利的目的。[①] 但是在具体推广过程中，资本往往会依靠或借助政府的力量扩大自己的规模。即便如此，随着农业科技体制企业化改革步伐的加快，在乡村科技推广体系中，资本的作用也日渐凸显。

个案四：舒溪口净水器推广

杨溪村和舒溪口两村的净水器推广路径充分显示了资本与政府在科技下乡过程中的相互作用。听村民们说，两年前在政府的牵头下，对村民们的饮水质量进行了科学的监测，结果发现水源中存在矿物质超标的问题，已经严重威胁村民们的生命健康。于是，政府开展了净水器下乡活动，为安装净水器的村民

① 秦红增：《乡村新网络专家：文化农民——科技下乡的人类学视野之四》，载《广西民族学院学报》（哲学社会科学版），2004（6）。

提供1000元的补贴。虽然项目的初衷和设想都很好，但是这次的净水器项目并没有得到有效贯彻。有村民向笔者反映："政府虽然补贴了1000元，但是一个小小的净水器仍然需要花费2000元。后来等有钱了想要买的时候，这个活动已经结束了！"

在这样的情况下，企业的宣传和进入为村民们购买净水器提供了更多的选择。舒溪口的村民对笔者说："在政府净水器项目结束一个月左右的时间后，就有车子开到村里宣传净水器，价格在3000—4000元。虽然价格比政府推广的净水器要高出一些，但是功能更加齐全和多样，例如政府推广的净水器要自己定期更换滤芯，企业宣传的净水器就是永久滤芯不用更换。刚开始我们还不是太信任他们，于是村里组织了一批人前往沅陵县城考察，发现下乡宣传的净水器是有门店的而且还比较高档。考察的人回来后，告诉了我们这些情况，很多人立即就下了订单。后来车子又陆续开来了很多次。目前村里家家户户大都有净水器了。"

像净水器这样开车下乡进行宣传的模式是资本在乡村常见的推广模式之一，除此之外，时下比较流行的资本推广模式还有"公司+农户"的乡村科技推广模式。所谓"公司+农户"，是对企业与农户通过各种联结方式从事农业生产资料供应和农产品加工、销售这种制度安排的一种通俗叫法。"公司+农户"作为一种内涵宽泛的制度安排，可以分为多种类型。按照农户组织形式，大体可以分为四类：一是分散、独立的农户；二是通过乡、村行政领导部门组织起来的农户；三是通过各种专业技术协会组织起来的农户；四是通过专业合作社组织起来的农户。其中后三类，又分别被称为"公司+基地+农户""公司+协会+农户""公司+合作社+农户"模式。[①]其实，上文提到的杨溪村红岭坡葡萄种植专业合作社就属于"公司+合作社+农户"模式。这种技术推广模式，

① 杜吟棠：《农业产业化经营与农业科技推广——以"公司+农户"模式为例》，见中国科学院中国现代化研究中心：《中国经济现代化战略——第三期中国现代化研究论坛论文集》，2005。

目标明确、服务到位且能妥善解决资金、市场、技术等问题，因而是目前较好的一种乡村科技推广模式。

四、科技下乡的路径转变

通过对杨溪村的调研可知，科技在乡村得以推广离不开三大主体的共同作用。与此同时，经过历时性的纵向梳理，科技下乡的路径转变也得以呈现：对于政府来说，科技下乡由以往自上而下的强制推行变得开始考虑地方性知识的纳入；与之对应的是农民对于科技的态度，由之前被动接受科技转变为主动拥抱科技；随着农业科技体制企业化改革步伐的加快，资本在乡村科技推广组织体系中的作用日渐增强。值得注意的是，一种全新的科技下乡路径正在形成，即主体间融合——不同于以往各大主体间的单独作用，现在政府、农民和资本的联系日益紧密，开始走向融合与统一。

（一）政府：从自上而下强制推行到地方性知识的纳入

政府在科技下乡推广模式中，经历了计划经济时代的强制推广到如今地方性知识纳入的巨大转变。在计划经济时代，政府依靠政策指令的单一模式来开展工作，比如政府要求在某个区域建设玉米基地，则这个区域的所有农民都会种植玉米。对于这种单一区域性的农业生产，政府推广农业科技服务是相对容易的，少量的农技人员可以实现成片区域的共享。[①] 伴随着计划经济时代的结束和市场经济的兴起，农民分散生产的状况逐渐形成，以往单一区域性的农业生产方式已经不复存在，农民种植的农作物以及养殖的牲畜主要根据市场需求以及自身偏好来决定，由此自上而下强制推行的单一模式已经不再适用于如今农村的情形。面对这样的情况，政府农业技术推广人员意识到农村地方社会基

① 张平淡、艾凤义：《科技下乡服务的长效机制》，载《科技管理研究》，2007（12）。

础的重要性，开始将地方性知识纳入科技推广的过程之中。

与盘古乡农技人员和陈老书记的访谈却彰显出政府科技下乡路径的巨大转变。

个案五：不断融入村民生活的杨技术员

在与盘古乡农技人员的访谈中，笔者曾问过这样一个问题："您从事这么多年的工作，最大的体验是什么？"他思考了很久，摇了摇头说道："一个字'苦'啊！刚开始下乡的时候老百姓不认可你，（他们认为）你一个读书人知道什么，凭什么指手画脚。后来我们就和村干部联系，向老百姓解释我们是什么人，我们是干什么的——是为老百姓服务的，不是为自己服务的。真的很苦，这个工作不是只针对一个人，对每个村、每个组都要解释。慢慢经过一年，关系才变得融洽了。现在老百姓看到我们一去，就会向我们咨询很多问题，比如这个玉米有问题吗？这个问题有没有病害？我们都会耐心回答他们有或者没有，有的话，具体有哪方面的问题。"讲到这里，杨技术员的脸上开始洋溢着笑容："以前在村里都是格格不入，现在村民们都接受了我和我同事，也接受了我们指导的技术，他们的产量和收益与以前相比得到了很大的提高。"

在与杨技术员访谈不久后，笔者特地询问了陈老书记任职期间，技术人员对于村民们的培训情况，杨技术员的话也得以证实。"在担任书记期间，印象最深刻的是2014年乡里的技术人员曾到我们村组织了一场水稻种植培训。技术人员告诉我们水稻品种主要分为三类：早熟的、中熟的和迟熟的，早熟的种植天数是115—125天，中熟的是125—130天，迟熟的是130—140天。品种的选择主要根据水源的情况来决定：山顶田地的水源主要依靠降雨，水资源较为匮乏，一般种植早熟的品种；半山坡的田水源较为多样，多种植中熟的水稻；而临近河边、水库的稻田水资源最为丰富，因此常常种植晚熟的水稻。从这以后，村民们选择水稻种子的时候都学会了根据自己稻田的实际情况，结合种子的说明书来进行购买。"

通过纵向的对比分析，杨技术员和他的同事能够成功融入当地开展工作，与科技下乡路径从强制推广到地方性知识纳入的巨大转变，以及地方性生产知识得到较大程度地利用有着莫大的关系。农业在本质上是一个最不确定、学识式知识最难以派上用场的领域，农民在千百年来所积累下来的各种农耕知识能够帮助农民在复杂多变的环境下，获得稳定的收益。因此，可以说农业的传统与现代并没有本质的区分，[①]这一点在杨技术员对三洲村西瓜技术培训的过程得以体现。他说："三洲村西瓜种植历史悠久，自身掌握着独特的西瓜种植技术。如果我们只按照书本上的知识向村民们传授技术，他们会说'不用讲，我们历来种西瓜，技术比书本上的还要硬！'因此，对于三洲村西瓜种植技术的培训我们更侧重于管理和防治，不让害虫侵害农作物，保证稳定的产量和收入。"

杨技术员对于三洲村西瓜种植技术的尊重，体现了马格林在《农民、种籽商和科学家：农业体系与知识体系》[②]一文中所强调的在农业知识的传播领域，农民有向专家学习的必要性，专家也要尊重农民的习俗农耕知识。这实际上也贯穿在盘古乡的农业技术人员成功融入村民的过程中。在前文的访谈中，我们知道政府赋予农技人员的身份以及村干部和农民精英的带头作用解决了农民接受外来科技的问题。但是，在科技具体的推广过程中，农民如何领会、运用科技，仍是后期需要持续思考的问题。在对村民进行技术培训的过程中，杨技术员和他的同事通过结合每个村庄的实际情况，因地制宜地开展工作，充分尊重和利用农民在千百年种植过程中积累下来的个体性智慧。这启示着我们，在现代科技技术传播过程中，现代与传统，不应有先进与落后之分，合适就是最佳利用途径，这既是现代科技知识传播的有效路径，也是科技下乡必须尊重农村地方社会的基础。

---

① 唐伟：《科技下乡的社会基础——以Y省J村柑橘品种改造过程为例》，载《南京农业大学学报》（社会科学版），2021（1）。

② 马格林：《农民、种籽商和科学家：农业体系与知识体系》，许宝强、汪晖译，见《发展的幻象》，320—322页，北京，中央编译出版社，2001。

（二）农民：从被动接受到主动拥抱

伴随着政府科技下乡路径的转变，农民对于科技的态度也发生了极大的变化。在计划经济体制下，政府是推广农业科技服务的唯一主体，因此农民大多听从政府安排，被动接受各种科学技术。但是，随着市场经济的形成与发展，农民生产渐趋多元化，农民的自主性也不断增强。他们不再单纯地依赖政府出资来发展农业生产，而是根据市场需求以及自身偏好来决定种植的农作物以及养殖品，因此主动获取科技信息以满足自身个性化需求，成为农民提高生产力的主要途径。杨溪村村民对于抽水机态度的转变体现了这一点。

个案六：抽水机的坎坷“命运”

时值盛夏，瓦蓝瓦蓝的天空没有一丝云彩，火热的太阳炙烤着大地，站在沿江的公路旁，轻轻抬首，满目翠绿的秧苗映入眼帘，再过一个月就到了稻谷收获的季节，因此干燥的空气里总是散发着稻谷的芳香——这一片稻田便是杨溪村村民辛苦的成果。自入伏以来，杨溪再也没有下过雨，路旁皲裂的土地仿佛向世人昭示着自己的委屈。为了应对这干旱的天气，每天都能在田里看到村民们抽水的身影。

望着成片的稻田和村民们忙碌的身影，笔者询问抽水机的使用情况。陈老书记说：“每年这个时候都会遇到干旱的情况，村民们对这样的情况已经习以为常了，几乎家家户户都预备着一台抽水机呢。村里使用抽水机灌溉已经有几十年了，在我当主任的时候（计划经济时代）就已经开始使用了。我还记得那时候是我们生产大队一起筹钱购买的，全村只有一台，宝贵得很。那时候还是柴油机，十分笨重，不像现在电动抽水机这么轻巧和便捷。”他还说，村里虽然有了一台柴油抽水机，但是大家大部分时间还是去河里挑水进行灌溉。

与村集体共同出资购买柴油抽水机不同，村民们对电动抽水机的购买和使用完全是基于个人需求的自发行为。姜胡组的一位村民告诉笔者：“有一次看电视，正在播放关于电动抽水机的广告，看到广告宣传后十分心动。于是，不久我就去沅陵县城打听有没有电动抽水机卖，果真在一家店看到了电动抽水机。我那时候买电动抽水机花了 300 多元，同时我还买了 6 根灌溉的水管，价格大约在 90 元 / 根，一套下来接近花了我 1000 多元。虽然很贵，但是质量都很好，抽水机和水管我都使用了六七年，一点儿都没坏。”

从计划经济时代集体所有的柴油抽水机到如今家庭购买的电动抽水机，这样的转变体现了农民对于科技的态度的变化：从被动接受政府或是集体的指令安排，到自身主动拥抱科技成果。这种转变不仅仅是农民自身态度的变化，潜藏在背后的是农村生产模式转向，即从集体经济到家庭私有的转变。农村生产模式的转向使以往以集体动员的方式进行科技推广的方式难以产生效力，因此科技的承载主体渐渐从集体落到了家庭身上。这不但赋予了农民个体更多的主体性，让他们拥有了更多的选择，而且依托手机、互联网等电子媒介，科技已经嵌入农村生活的方方面面。这进一步启示着人们，当今对于乡村科技项目的推广需要重点从农民个体和家庭入手。

（三）资本：作用不断增强

除了政府推广模式和农民态度发生转变，资本在科技下乡中的作用也不断增强。村民自治的农村政治结构和社会主义市场经济在乡村的发育，使坚守农村的创业力量空前活跃起来，正逐渐成为农村经济发展、市场发育和社会管理的一股重要力量。[①] 上文净水器的案例简单呈现了资本在科技下乡中的角色与地位，而杨溪村电子厂的建立则深刻体现了资本对于一个乡村的改变。

个案七：轰鸣的电子厂

路过一片破旧的房屋，一排灯火通明的窗子映入眼帘，机器运转不断发出的轰隆声昭示着电子厂的存在。走进电子厂房，笔者首先看到的是一排排列整齐的桌子，每个桌子上都放置着一台小型的机器。现在已经是晚上 8 点了，仍然有四五个“工人”在机器前工作着。仔细环顾电子厂，还能发现墙上张贴着

① 刘学坤：《“科技下乡”的现代性语境及其教育功用：功能主义的解释》，载《求实》，2012（8）。

“众建鑫科技有限公司的工作精神”标语，其中有意思的一条是“用打麻将的精神去工作”，显示了乡村企业独特的文化与特色。

这家电子厂原是一位老板作为村里的扶贫车间开办的，后来因为经营不善倒闭了。2021 年 4 月由刘老板和易老板合伙接手过来，随着脱贫工作的结束，这家电子厂也由此变成了振兴车间。刘老板告诉笔者，除了杨溪村的电子厂，他们还有其他两家厂子：一家是位于丑溪口的制鞋厂，另一家是位于筲箕湾的电子厂，这三家厂都归自己创建的众建鑫科技有限公司统一管理。当问到为什么会前往杨溪村开办电子厂时，刘老板给出了这样的回答：“一是我以前一直做鞋，年轻的时候去深圳的制鞋厂打工，一直从小员工做到了管理层，后来就想自己出来创业。但是，后来亏损了很多钱，就将制鞋厂停下来了。这时候易老板就和我提议要不要做电子配件，因为他是杨溪村的人，知晓之前的电子厂的情况，可以承包过来重新创办起来。二是自己心中一直有一个远大的理想。虽然我不是杨溪村的人，但是我也是从农村出来的，想通过在村里兴办一家厂子把农村的经济发展起来。”

接着，刘老板向笔者详细介绍了电子厂的经营情况：“我们现在的电子厂还是起步阶段，一直在往里面砸钱，没有利润。除了需要花费大量的资金购买各种机械外，还要花费大把的时间对工人们进行培训。同时，培训的时候也要给予工人们一个月 1500 元的最低生活保障。”电子厂现在的规模比较小，上班的工人主要是附近陪孩子读书的妈妈，有 10—20 人。工作时间十分宽松，主要按件计算工资，多做多得，少做少得，做得快的话一天可以获得 100 多元，鞋厂一个熟练的工人上个月领了 3938 元的工资。

通过电子厂的案例，可以看出资本在农村的介入，某种意义上表明了农村社会现状一定程度是由技术塑造的。[①] 一方面，技术的助力持续地解放出农村的劳动力，促进了农村的社会流动和社会秩序再造；另一方面，技术的进入也

① 刘学坤：《“科技下乡”的现代性语境及其教育功用：功能主义的解释》，载《求实》，2012（8）。

激发了农村自身的活力，为村民们提供了更多就业机会，促进了乡村自身的振兴与发展。在与刘老板的交谈中可以发现，资本以极强的经济手段推动科技挺进农民生活，提高了农民生活水平，实现着农村的整合。这样的整合，在一定程度上改变了农民传统地对于新兴技术的排斥，提高了农民对资本和技术的认可度和接受度，“科学技术的运用和生活的提高是互为因果的关系，生产技术改革了，生产就会发展，也就使生活得到改善。生活改善了，对先进科学技术的需求也就更强烈了”[①]，形成了技术—资本—农民的良性循环。

五、科技下乡的影响

（一）政府层面

科技下乡对于政府的影响主要体现在宏观层面：一是科技的进入提高了农村的生产力，使农村不断嵌入市场经济体系之中；二是不断塑造着农民现代化和农村社会技术化，推动着农村社会结构的转变。

1. 提高生产力：推动农业现代化

对于政府来说，科技下乡的直接作用表现在物质层面，以科技激活农村，以科技动员起农村的生产力潜力是国家开展科技下乡的初衷。在政府规划和发展中可以明确看到，乡村振兴和农民的现代化是重要的一部分，科技下乡反映的是国家希望通过科技教育而把农民塑造成为现代化事业的创造主体。因此，通过科技下乡和技术推广，不断提高农业生产力，推动农业现代化，促进农村持续发展，既是国家的规划和愿景，也是政府对于农村的直接作用。

通过杨溪村的实地调研，笔者发现农业科技和农业机械在农村的广泛应用对我国现代农业发展的促进作用越来越突出。在农业科技推广方面，农技人员有关于作物栽培、施肥、灌溉等技术的培训，促进了农作物增长；对于病虫害

① 梁漱溟：《乡村建设理论》，上海，上海人民出版社，.2006。

防治技术的研究和推广，也大大减少了农业生产的损失。在农业机械应用方面，村民们对抽水机和耕地机等农业机械的使用，不仅节约了劳动力，克服了农业劳动力局部短缺的问题，而且大大提升了农业生产力，增强了农业竞争力。这些例子都表明，科技下乡在提高农业竞争力、推动农业现代化方面发挥着重要作用。

2. 转变社会结构：塑造农民现代化和农村社会技术化

科技不单是一种物质，更是一种文化，一种在国家和社会中能够有力地创造制度、行动和社会关系的文化，科技下乡在农村创造出人与人之间新的社会联系。科技发展需要合作的力量和市场化的集体氛围，[①] 因此科技在农村发挥作用需要依靠农民的组织化。

然而，在对杨溪村科技下乡历程进行梳理研究后，笔者发现农村组织化程度不高的状况是目前科技下乡等群众动员所面对的难题。如何实现乡村力量的组织化和乡土秩序的重新整合，是科技下乡在推广与服务过程中需要解决的难题。同时，这个整合不单是乡村内部的整合，更是城乡之间的整合。科学技术最初兴盛于城市，科技的发展在一定程度上加剧了农村与城市之间的差异，以工业和商业为支撑的现代城市的发展远远超过农村。缩小城乡差距、实现城乡整合也成为科技下乡的另一重大任务。

虽然科技下乡在实际过程中面临着诸多挑战和困境，但是在杨溪村我们同样看到，科技下乡在乡土秩序重整和城乡整合方面发挥着巨大的作用。首先，如费孝通在论述农村的家庭手工业系统中所表明的，“改进产品不仅是一个金属改进的问题，而且也是一个社会再组织的问题”[②]。其实社会的很多方面，包括农村社会，一定程度上都是由科技决定的，科技本身就是一种乡土秩序再造的力量，对于农村发展起着巨大作用。在杨溪村可以发现，随着乡村科技项目的

① 刘学坤：《“科技下乡”的现代性语境及其教育功用：功能主义的解释》，载《求实》，2012（8）。
② 费孝通：《江村经济：中国农民的生活》，北京，商务印书馆，2001。

推广，农村正有一批人依靠着科技先富起来，他们成为农村的精英，在村里具有较高的威望，不仅对于农村经济文化生活持续产生影响，对于农村组织化建设也发挥着独特的作用。其次，乡村技术推广工作的开展推动着农村社会技术化的发展。技术进入农村和不断扎根，持续地解放出农村的劳动力，这批劳动力的新出路促进了农村的社会流动和社会秩序再造，也进一步促进了城市与农村的交融，推动着城乡整合发展。

（二）农民层面

不同于政府的宏观层次，科技下乡对于农民的影响则比较微观，主要体现在农民的日常生活中，例如理性的培育和生活方式的转变。

1. 培育农民理性

首先，在思想层面，科学技术不断塑造和改变着农民的世界观，影响着农民的认知方式，促进着农民的理性发育。科技扩大了村民的视野，改变着他们的行动能力：农村文化与现代精神的交织与互动，使农民们开始不安于现状，滋生了出去闯荡的心理。在杨溪村可以看到，越来越多的年轻人外出务工，这种现象的背后既有经济的因素，也不能忽视科技的作用。其次，在经济层面我们可以看到，以“富裕”为目标的科技宣传和宣传动员同样推动着农民经济理性的快速成长。农民经济理性成长最直观的体现是在成本和收益的计算中。例如，杨溪村村民在种植田地和使用农药、化肥的时候已经开始思考时间、成本、收益等因素，产量得以保障和提升是村民们使用农药和化肥的主要原因。

总的来说，科技下乡的行为背后是国家希望在农村注入科技元素，以解决农村矛盾的一种尝试，也是对农村现代化进程中滞后于城市的一种弥补；这既是国家支持农村发展的举措，也是国家利用科技手段培育农民理性精神的重要措施。

2. 形塑农民新兴生活方式

现代人的生活方式是由科技不断改变的，城市是现代科技的诞生地，科技首先在城市实现了新的生活方式，然后传到乡村，农民生活方式不断地受到城市文化的影响。换句话说，城市的文化和生活方式随着科技下乡进入农村，形塑着农民新的生活方式。

在杨溪村可以看到，随着科技在乡村的不断进入，农民的生活方式渐趋向城市靠拢，这主要表现在两个方面：一是在姜主任、陈支委等文化农民的带动和影响下，村民们越来越明白了知识和技术的重要性，努力学文化、学科学、学技术成了新一代农民的新追求。一位曾经在外面打工的村民告诉笔者，他最后悔的事情是小时候没有好好读书，文化水平偏低的状况给他的工作带来诸多不便，在城市打工不仅面临着身体上的劳累，还要承受社会地位低下、难以融入城市社会交往圈的尴尬与压力。因此，越来越多的村民开始切身感受到知识和技术的重要性和学习的必要性，因为知识和技术的掌握与收益回报率有着莫大的关联，学习技术成为不少杨溪村民进城打工的动机之一。二是农民们的文化娱乐生活发生了诸多变化。杨溪村的村民告诉笔者，过去村里的文化生活十分单调贫乏，户外露天电影、户内黑白电视就是他们全部的闲暇生活。如今，在杨溪村已经可以看到人们的休闲活动与城市居民几乎没有差别了：电视、抖音、广场舞已经成为杨溪村村民饭后的闲暇活动。村里还兴办了图书室、成立了秧歌队，使村民们在劳动之余还能休闲娱乐、陶冶情操。

科技的推广与进入使杨溪村村民文化观念和生活方式都发生了巨大的改变，这种发展趋势的背后实际上潜藏着城市化发展的必然规律。城市生活方式是以城市和农村的本质差别为基础形成的，它代表了生活条件和活动的社会化在一定历史条件下达到的最高程度。随着社会的发展、科技的进步，农村生活方式逐步趋同于城市生活方式。城乡差别的消失，包括生活方式差别的消失，是社会一体化过程的基本内容。①

（三）资本层面

通过上述研究我们可以发现，一方面农民学习着成熟的城市气质和市场方式，另一方面农村也以自身的独特性发育着具有村落气质的市场载体和手段，这在一定程度上导致了农村变成了市场体系的一部分，资本在农村不断涌入。

农民专业合作社的建立、电子厂在杨溪村的入驻，都彰显出作为工业文明“宠儿”的公司和资本，在乡村产业振兴中具有强大力量。在科技下乡的实践探索中，“公司+农户”正日渐成为农村科技推广中的一个流行模式，这种推广模式不仅有效弥补了农村现代性成长的不足，也为农村文化注入了源源不断的生机与活力——这是农村对公司化的积极尝试，即将分散的农户生产纳入公司化的社会大生产体系之中，农户在生产中获得公司体验，农村文化不断加入公司气质的文化内涵，它们持续地对农民进行着以工业文明为特质的启蒙与教导。②

与其说科技下乡催生和刺激了资本在乡村的涌入，不如说科技下乡创造了农村的社会新秩序。一是资本在乡村的兴盛与发展，为农民组织化提供了历史机遇，“市场经济较人民公社更彻底地改变了农村社会的状况，从而更深刻地改变了村庄信任水平和村庄社会关联”③。二是市场经济也在不断创建农村的社会关联新形式，以工业和城市为主导力量的市场经济力量不断地向农村拓展，把农村嵌入市场经济机制之中，推动着农村产业结构的调整。在我国经济发展中，自然经济长期占据主导地位。在这种以狭隘封闭、自给自足为特点的小农经济影响下，农村形成了“养牛耕田、养猪过年、养鸡吃蛋”的以粮为主、以土为

① 赵树凯：《论农村生活方式的城市化》，载《青年研究》，1985（11）。

② 秦红增：《乡村新网络专家：文化农民——科技下乡的人类学视野之四》，载《广西民族学院学报》（哲学社会科学版），2004（6）。

③ 贺雪峰、胡宜：《村庄研究的若干层面》，载《中国农村观察》，2004（3）。

命的单一的产业结构。但是，随着市场经济在农村的不断发展，单一种植的产业结构形式与商品经济发展形成尖锐的矛盾。杨溪村的村民们也越来越懂得只有发挥优势、面向市场、捕捉信息、根据市场规律调整产业结构，才能抢占市场的制高点，赢得较好的经济效益。因此，无论是蔬菜的种植还是家畜的养殖，村民们都紧跟市场的潮流进行选择。

六、科技下乡的反思与总结

通过以上论述我们可以看出，在杨溪村科技推广过程中，政府、农民、资本三大主体扮演着重要的角色。但是，科技下乡在具体实施过程中，各大主体作用的发挥并不是一帆风顺的，而是经历了一波三折的实践过程。在当地农业局对杨溪村进行技术扶贫初期，当地农民对这种外来农业科技的消极回应，是因为在他们以往的农业生产过程中，是一种自上而下的、强制性的推广，因此村民们的积极性不高。事实上，他们并不反对科技下乡，而是反对下乡的科技并未与他们的地方性知识相结合。基于这一事实，来自各级行政部门的科学技术人员改变了过去那种自上而下的强制推广模式，将科技下乡与杨溪村历史、民情等地方性知识联系起来，充分发挥农村精英和村干部的带头作用以及联合企业为产业扶贫注入无限资源，使杨溪村呈现出农民积极性不断提高、经济收入不断提升以及村里就业机会不断增加等现象。杨溪村科技下乡能够取得成果的背后，是当地政府技术人员、村民、企业共同努力的结果。同时，在这三大主体间可以看到它们的互动正在进入一个新阶段：多主体正在向单主体转变。在这个新阶段，政府人员不再只是科技政策的主导者，村干部不再只是科技知识的宣传者，农民也不再只是带头者或接受者，资本也不只是市场的开拓者，而是一起推动着乡村科技的发展。

根据以上分析，乡村科技推广活动和知识传播活动对中国广大农村地区产生着重大的影响。第一，科技下乡是政治意愿的一个载体，通过科技下乡把农村生产纳入国家整个建设大局中，而科技与农村扶贫工作的结合正是科学技术介入农民现代性的重要实践。在盘古乡农业合作社的建立过程中，政府向乡村推广技术不仅是希望在农村注入科技元素，以推动农村产业结构调整的一种尝试，也是推动农村经济发展和对农村现代化进程中滞后于城市的一种弥补。第二，科技下乡是对农民的一场培育行动，科学技术不断塑造着农民的世界观，科学精神影响着农民的认知方式，促进着农民的理性发育。在这个过程中，村民们的视野扩大了、行为能力改变了，在杨溪村可以看见越来越多的年轻人不安现状，萌发了出去闯荡的想法——这些都是农民文化与现代精神碰撞互动的表现。第三，科技下乡是一场经济运动，以工业和城市为主导力量的市场经济力量不断地向农村拓展，把农村嵌入市场经济机制之中，一方面农村学习着成熟的城市气质和市场方式，另一方面农村也以自身的独特性发育着具有村落气质的市场载体和手段。由此，科技下乡是一种政治动员，一种教育行动，也是一场经济运动，对乡村振兴与发展具有重要作用。

第七章　杨溪村外出务工者返乡研究

一、导论

国家统计局公布的《2020年农民工监测调查报告》显示，截至2020年底，以湖南、江西、山西为代表的中部地区仍然是我国目前劳务输出最多的省份。[①]大规模劳务输出使得这些省份的农村地区“空心化”比较严重，因年轻人外出务工导致的留守儿童、空巢老人现象比比皆是。这些户籍仍在农村，过去一年内外出从业6个月及以上的劳动者就是中国最不容忽视的一个移民群体——“进城务工人员”。

“进城务工人员”这一概念产生于中国独特的城乡二元体制，特别是城乡二元的户籍制度。最早可追溯至20世纪50年代矿山招收进城务工人员，后来至70年代，部分社队企业大量雇用进城务工人员。[②]真正的“民工潮”发生在改革开放后，家庭联产承包责任制将农民从土地中解放出来，打破了乡土社会的“不流动性”。大量农村人进入工厂、工地等非农产业工作，成为城市发展不可缺少的劳动力，为中国经济的腾飞做出了不可估量的贡献。也是从这时起，学术界开始注意到了这个极具乡土与流动特质的群体。

① 国家统计局：《2020年农民工监测调查报告》，http：//www.stats.gov.cn/tjsj/zxfb/202104/t20210430_1816933.html。

② 周大鸣：《中国农民工研究三十年——从个人的探索谈起》，载《中国农业大学学报》（社会科学版），2017（6）。

大部分进城务工人员仍然是兼业型务工人员，他们在从事最主要职业之外还兼有副业，总体上还是以务工收入为主。在个体层面上，他们通过外出务工个体的的确确收获了更高的经济报酬，提升了自身技术能力并且丰富了文化知识。但是，与改革开放前三十年的"民工潮"相比，现阶段已经出现了"返乡潮"现象。一方面，由于城乡二元体制，城市对农民来说一直呈现"经济吸收、社会抗拒"的状态，[①] 农民工始终处于城市边缘，很难享受到城市发展的红利，经济水平与乡土情结都使得他们无法在城市立足。另一方面，由于大部分老人、孩子留在了乡村，农民工的务工生涯基本是"离土不离家"，每年春运现象的发生正是这一现状的直观体现，农民工也因此被称为"候鸟型"移民。当前我国已经进入了全面建设社会主义现代化国家的新阶段，这个阶段要求更多具有知识和技术的农民工参与进来，而现有高质量"知识型"农民工数量太少，难以满足城市用工需求。另外，大量农民工由被动返乡变为主动返乡，选择在距离家乡更近的城市工作。在家乡拉力与城市推力的双重作用下，促进了民工返乡现象的发生。

现阶段在乡村振兴战略指导下，提倡城乡协调发展，返乡农民工群体成为学术界广泛关注的研究群体。民工回流现象的发生正是城乡二元体制导致的城乡发展不平衡的最终结果。从农民工个体维度来看，返乡农民工由于在城市生活多年，已经习惯了城市的生活方式，接受了城市文明，但是返乡后，面对比较陌生的农村生活环境与工作方式，无论是在情感上还是在生活上都具有一定的割裂性，但同时由于其"候鸟型"的务工方式也帮助其在两种完全不同的生活方式中形成过渡与融合。从乡村建设的维度看，返乡农民工往往具有更丰富的技术和经验，他们带着被城市文明浸染过的思想与技术回到家乡，又兼具对家乡风土人情的了解，是乡村振兴事业一股新的建设力量，其再就业的过程有利于助推新农村建设。

① 王彦苏：《区隔与认同：返乡农民工社会认同问题研究》，长春，吉林大学，2019。

对返乡农民工的关注既有利于农民工在不同生活环境下调整自我，找到人生方向，又有利于国家乡村振兴战略的制定，更好地利用本土人才资源，实现城乡协同发展。

杨溪村位于沅陵县盘古乡南部，环绕于丘陵之间，沅江在村落西北部潺潺流过，这里山水秀丽、人情温暖。全村地域面积约 8.2 平方千米，下辖瞿学组、陈家组、冷水溪组、易家组、姜胡组、龚曹组 6 个村民小组，共 321 户 1380 人。现有两个合作社，分别为杨溪村红土岭种养一体化产业园和湾坪养牛合作社。

杨溪村历史悠久，有“瓦乡文化核心村”之称，村民自称瓦乡人、说瓦乡话。瓦乡话并未有文字记载，主要依靠村民口耳相传传承下来。直至今日，村子里日常交流仍以瓦乡话为主。杨溪地处我国中西部茶马木商古道水陆咽喉节点，是历史上用于屯兵的古村，村内有“古长城”和“古军屯城”遗址。虽具有天然水道优势，但是近些年来，陆路交通的崛起使得水路交通客运与货运开始没落，特别是水路货运已经基本消失在了杨溪的渡口。

在生计方面，杨溪村是一个以打工经济为主要生计方式的典型村落。所谓打工经济，是指以农业为主的乡村，外出务工人数超过劳动力总数的 30%，打工收入在经济结构中占有重要比重，并成为主要现金收入来源。[①] 杨溪村外出务工的特点主要有两个：一是起步晚，基本在 20 世纪 90 年代，由村内最先出去打工的村民回乡招工而引发的大量村民外出务工；二是规模大，该村共 1380 人，劳动力 480 人，其中外出务工人数高达 350 人，外出务工人数占劳动力总数约 73%，在数据上非常具有典型性。如此大规模的劳务输出使得杨溪村的经济结构发生了变化，即由传统的农业经济为主转变为以“打工经济”为主。

促使杨溪村打工经济形成的原因主要有两个方面：一方面，该村人地矛盾

① 周大鸣：《农村劳务输出与打工经济——以江西省为例》，载《中南民族大学学报》（人文社会科学版），2006（1）。

较为突出。杨溪村曾在1996年遭受特大水灾，此次灾情使得村子大面积土地被淹没，加之20世纪90年代杨溪村五强溪水库的修建淹没了大片农田，这使得杨溪低地可耕种面积大量减少，现存土地主要以山区耕地为主。另一方面，农业收入太低，无法满足人民温饱以外的其他需求；在退耕还林政策以及五强溪水库的修建后为保持水土施行的飞播树种、库区树木禁止砍伐等有关措施影响下，杨溪山区郁郁葱葱，生态环境发生巨大变化，山区野猪频繁踩踏、飞鸟偷吃、老鼠肆虐，农民苦不堪言，却没有有效的应对措施。人、地、环境的矛盾使得大部分杨溪人不得不放弃原本的生计方式，选择外出打工谋求更多的经济收入。而与劳务输出相伴相生的就是“民工返乡”。作为打工经济典型的村落，杨溪村的民工返乡也同样典型，面对尚未改变的出走环境，杨溪农民工为什么选择回来？回乡之后的就业问题该如何解决？回乡后的情感与生活有没有什么变化？这些问题，笔者在下文将进行详细论述。

二、研究对象：返乡农民工

（一）概念界定

“没有人永远打工，但永远有人在打工”，这就是杨溪的现状，也是很多个如杨溪一样的打工村的现状。一代又一代人交替着外出打工，仿佛一个接力棒永不停息地传递着，其间承载的是一个又一个家庭对美好生活、老有所养、幼有所依的希望。

杨溪村现在正处于“空心化”的状态，村内老年人与小孩居多，青壮年大都在外打工。笔者所关注的不是在外打工的这批青壮年，而是已不再外出打工，选择留在家乡的这群人。这群人里有青少年、中年人、老年人，为了更全面地概括他们，笔者将返乡农民工定义为：曾在外务工六个月及以上，现返乡六个月及以上，并且暂无外出打算的人们。这样的界定主要考虑到民工返乡一般存在两种形式——永久性返乡和暂时性返乡。一方面，永久性返乡的农民工回乡后基本不再外出打工，选择在家乡再就业，他们有的创业，有的重操旧业继续务农，对家乡的影响会更持久且深远。而暂时性返乡的人员，由于停留时间较短并且在短时期内不会在家乡工作，相比永久性回乡的农民工对村庄的影响相对较弱。另一方面，暂时性返乡的农民工没有再地化的需求，他们最终还是要回到城市继续工作，再融入的问题并不突出。因此，本章主要的研究对象是永久性返乡的农民工，兼有对暂时性返乡农民工的关注。

（二）杨溪村返乡农民工基本特征

本次调查从 2021 年 7 月中旬开始到 8 月中旬结束，历时一个月。在本次调研活动中，笔者共完成 43 个访谈个案，完成 6 个深度访谈，其中返乡农民工 25 人，非返乡农民工 18 人。访谈对象基本信息如表 7–1 所示。

表 7–1　访谈对象基本信息表

序号	姓名	年龄（岁）	性别	是否为外出务工返乡人员
1	杨阿姨	55	女	是
2	易阿姨	60	女	是
3	易老板	50	男	是
4	易大叔	54	男	是
5	陈大哥	40 多	男	是
6	向爷爷	60	男	是
7	姜大哥	46	男	是
8	胖叔叔	47	男	是
9	曹爷爷	60 多	男	是
10	曹大爷	81	男	否
11	姜姐	39	女	是
12	严姐姐	28	女	是
13	刘老板	38	男	是
14	小王老板	39	男	是

续表

序号	姓名	年龄（岁）	性别	是否为外出务工返乡人员
15	胡大叔	60	男	是
16	潘大姐	60	女	否
17	陈爷爷	72	男	是
18	易大爷	60	男	是
19	凤奶奶	63	女	否
20	龚爷爷	66	男	是
21	万姐	43	女	是
22	万大姐	45	女	否
23	李奶奶	60 多	女	否
24	姜大叔	60 多	男	否
25	董姐	38	女	是
26	小石弟弟	19	男	是
27	向大爷	80	男	否
28	张奶奶	68	女	否
29	向奶奶	60	女	否
30	周阿姨	52	女	是
31	冬叔	56	男	是
32	张大叔	50 多	男	是
33	莲奶奶	70	女	否
34	董家大姐	50	女	否
35	英奶奶	70	女	否
36	珍奶奶	68	女	否
37	方大姐	38	女	是
38	姜爷爷	71	男	否
39	瞿爷爷	71	男	否
40	言奶奶	68	女	否
41	刘阿姨	55	女	是
42	张书籍	40 多	男	是
43	玉阿姨	48	女	是

为了更好地说明杨溪村返乡农民工的基本特征，笔者将综合调研小组所有同伴的访谈数据进行数据分析。关于是否外出打工，共 75 位村民给出了明确回答，其中回答返乡的农民工共 44 人，非返乡农民工共 31 人。

从返乡农民工的性别特征上来看，男性多于女性。这主要是因为外出务工的村民以男性为主，这是客观因素和主观因素共同导致的。客观上，农民工一般从事的主要工种以建筑业、搬运业居多，[①] 对体力要求很高，而这一类工种女性往往难以承担，因此劳动力市场对男性农民工的需求量更高。主观上，由于中国传统家庭观念与家庭分工，男主外、女主内，女性一般承担了照顾家庭和孩子的责任，这使得女性外出务工的人数较少。因此，农民工男性数量往往大于女性数量，那么在比例上返乡男性农民工也多于女性农民工。但是，返乡农民工女性也占有相当一部分比例，这主要是因为部分家庭是夫妻双方共同外出务工，在中国传统文化观念的影响下，当需要一人回乡照顾家庭时，往往是女性返乡，这也就影响了返乡农民工的性别比例。

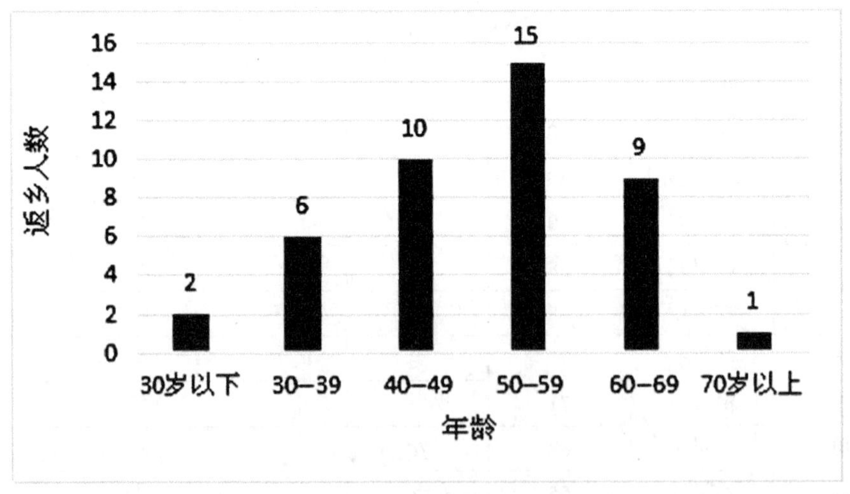

图 7–1　返乡农民工的年龄段分布

如图 7–1 所示，从返乡农民工的年龄特征来看，返乡农民工的年龄构成

① 周大鸣：《渴望生存——农民工流动的人类学考察》，广州，中山大学出版社，2005。

以中老年为主，其中50—59岁年龄段的人数最多，约占返乡农民工总人数的35%。其次为40—49岁、60—69岁，分别占返乡农民工总人数的23%和21%。

总体来看，返乡农民工年龄偏大，这与返乡农民工青年时期外出务工，中老年后因为身体原因、找不到活儿干，抑或是回乡创业等各种因素导致回乡的打工经历有关。除此之外，大部分返乡农民工的文化程度以初中居多，他们一般初中毕业后就选择外出打工挣钱，整体文化素质偏低，因此其文化资本和社会资源的占有都比较少，这也决定了他们返乡后大部分仍然只能继续从事农业、畜牧业类型的工作。

返乡农民工从输入地到输出地流向特征：从流向情况来看，大部分返乡农民工由广东省返回，其次是本省、福建省。这主要是因为广东省是杨溪村劳动力最先输出的第一阵地。一方面，广东省有距离湖南省最近的一线沿海城市，其次是福建省，劳动力需求大；另一方面，20世纪90年代，村内最先出去务工的农民回乡招工带领一大批村民前往广东务工。另一批农民工则选择就近务工，因此本省省会城市长沙以及沅陵县县城成为很多人务工的重要目的地。

大部分农民工在经济上是贫困的，无论是其生活水平还是收入都无法与市民相比。他们多年打工赚来的辛苦钱往往寄回更为贫困的老家，用于支撑家庭开支、子女上学、老人看病吃药等花费，不可谓不辛苦。他们会很早就考虑以后返回家乡的事情，因此在中国传统“家”的观念的影响下，杨溪很大一部分返乡农民工会用几十年打工攒下来的钱去修建一栋房子以便日后回乡居住。但是由于杨溪地理位置偏远，建材的购置与运输都会耗费数倍的钱财，建造一座房子的成本远高于在镇上，甚至是在县城买一栋不错的房子的成本。笔者曾访谈一位杨阿姨，她住在冷水溪小组。这个小组是距离杨溪集镇街道最远的小组，整个小组的房屋都建在山上，交通情况可想而知。杨阿姨家修建了一座非常漂亮的二层小楼房，其花费高达50万元，同样的价钱已然可以在沅陵县城，甚至是中国的二线城市付足首付。但是对于她来说，这并不是一件值得后悔的事情。杨阿姨解释道：

> 哎，人辛苦一辈子就是为了这些事儿么，大家都觉得这里（冷水溪小组）不好，什么都不方便，都觉得我的房子修亏了，但是我在这里修一栋房子，我是不后悔的。我们也不去城里生活，我在这里能有个自己的家……在农村我想喂鸡就喂鸭，想喂鸭子就喂鸭子，在我这儿，门一开它（鸭子）自己就下去（觅食）了，晚上5点多一点点它又自己回来了。

大部分返乡农民工回乡后就失去了主要收入来源，但仍然可以依靠种地解决温饱，依靠在外务工的手艺如盖房子、刷墙、安装玻璃等赚一些小钱，并且子女给予的赡养费用和国家养老保险等一些社会保障政策也能够帮助返乡农民工继续生活下去。

三、回乡原因探析

对于在外务工的农民来说，选择回乡意味着什么？在很多人眼中，回乡是农民工个体失败的城市市民化的结果，是必然导致农民工以后的生活历程向下发展的一种人生选择。这种看法主要源于以下几个方面：从经济方面来看，这意味着家庭的主要收入来源消失；从文化精神方面来看，这意味着从城市文明的脱离，转而回归乡村文明；从个体发展来看，这意味着由城市带来的资源、见识与经历的停滞。这种看法是一种全然的“城市中心主义”，忽略了农民工的个体性。而笔者在此尝试呈现农民工生命历程的个体理性，从他们的视角出发，去理解他们的返乡选择。

因此，笔者依据实地访谈资料，结合杨溪村的返乡农民工不同的个体经历，对农民工返乡原因进行归纳，大致可以分为四种类型的回乡原因，分别为因亲返乡、因资返乡、因病返乡以及角色退场。

（一）因亲返乡

前文曾提到杨溪是一个很典型的打工村，也因此其社会问题同样突出。留守儿童、空巢老人是劳动力常年在外打工造成的家庭缺位的后果。为了弥补这种现状，一部分在外打工的夫妻选择其中一个人回到家乡，照顾年幼的孩子或是生病的老人，而另一个人仍然肩负着养家的重担前行。在电子厂上班的姜姐正是由于孩子教育的问题不得已返乡的：

> 我原来和我老公在全国各地做工程，两个孩子由他们的奶奶和爷爷照顾。我们一直在外面管不到孩子，希望爷爷奶奶帮忙带一带，但是我婆婆喜欢打牌，小孩子在这里上学，我们这里（学校）不像你们那里，我女儿上初中有时候（晚上）八九点钟才回来。我儿子又小，在这里上幼儿园。回来以后他们奶奶老是和别人打牌，女儿回来了，她（婆婆）就让我女儿等她，等她打完这一次还有下一次，每次都打到（晚上）十一二点，我就觉得孩子被照顾得不好。后面我听村里那些爷爷奶奶和我说，我女儿现在脾气很不好，骂她奶奶。我听到这个话我就觉得好可怕，我得赶紧回来教育她啊。

我们在车间聊天儿，机器声呜呜地响，笔者看着眼睛红红的姜姐，一时间不知道该说什么。笔者遇到了很多如姜姐一样的受访者，回家照顾偏瘫丈夫的易阿姨、回乡照看生病老人的杨阿姨、回家管教叛逆孩子的姜大哥，等等。“离土不离家”的务工形态，让农民工陷入了“双重家庭”的生活模式，一旦家乡的老人和孩子出现照护问题，夫妻双方必须有一个人选择回乡承担照顾家庭的责任，而在其中女性往往会承担更多。

（二）因资返乡

根据农民工内部群体差异可以将农民工分为四种类型：一是劳工型，指靠出卖劳力为生；二是技术型，依靠某一技能为生，如开吊车、理发等；三是经营型，拥有自己的生产资料以经营获取收入，如经营超市，或拥有出租车、挖掘机等；四是资本型，指拥有一定资金投资企业、经营企业，如开厂。[①] 前两者劳动回报率比较低且不具有资本积累的条件，而后两者劳动回报率更高，也更有机会形成原始资本的积累。杨溪主要有两类因资返乡的农民工，一类是本村人务工之后回乡创业，如回乡经营果园、酒店、鱼塘等产业的易老板，接管家中挖沙厂产业的陈大哥；另一类是外乡人选择杨溪村进行返乡创业，如刘老板、王老板合作开办杨溪电子厂与盘古乡鞋厂。

> 我那个时候也会在各个地方跑，看别的地方的旅游产业做得很好。我就觉得我们杨溪这边也是没有污染的，我们也可以发展旅游产业……我就想回来给家乡做一点儿贡献，要是成功了，至少说明我们也做了好事，不成功，我们也是尽力了。
>
> （易老板，50 岁，产业园负责人）

> 其实我看到我们这里留守儿童、留守老人的问题很严重，包括我自己的孩子也是因为我一直在外面打工，也变成了留守儿童，父母不在孩子身边，孩子教育各方面都会有问题的，我就想着让大家都回来，可是回来了不能喝西北风啊，然后我就和刘老板一起商量着做这个事儿（开厂），也算是为家乡做贡献了。
>
> （小王老板，40 岁，电子厂老板）

① 周大鸣：《中国农民工研究三十年——从个人的探索谈起》，载《中国农业大学学报》（社会科学版），2017（6）。

这一部分带着资本返乡创业、因为生产资料回乡就业的农民工，他们回乡创业的举措不仅改变了杨溪的产业结构，而且吸纳了大量杨溪村及其周边地区的剩余劳动力，使得返乡农民工能够有更多的生存渠道，一定程度上帮助解决了农村地区留守儿童与空巢老人等社会问题。为当地经济发展做出了重要贡献，其经济意义与社会意义都十分重要。

（三）因病返乡

大部分农民工的打工日子是漫长的，漫长到一个人从青春昂扬到身躯佝偻，漫长到从“干得动”到“干不动”。人生最美好的时光都奔赴在了城市，献给了城市建设、献给了家庭。大部分以出卖劳动力为生的农民工等到返乡时已经华发早生，他们拖着病躯回到家乡。

在笔者的被访者中，有一大批人因为生病而返乡养病，患有气管炎的胡伯伯，患有心脏病、脑梗死、胃溃疡等一身病的陈爷爷，等等。因病返乡不仅意味着丢失了城市务工的收入，返乡后因为身体原因同样无法继续劳动获得收入，进而只能靠家中其他人的收入生活。“如果不是身体不好，我还要出去的，还能再多打几年工。”几乎每一个因病返乡的被访者都会这样说，这表明了外出务工之于其个人、家庭的重要性。

（四）角色退场

农民外出务工是一个具有强烈目的性导向的事情——挣钱，这也是决定大部分农民工进入城市和回到家乡最直接的原因。在访问过程中，我们非常明显地感受到，村民需要多赚钱就出去打工，不需要就回乡在家，村内生活足以维持温饱。笔者将这种功能性回乡称之为角色退场。所谓角色，指的就是每个人所扮演的社会角色，如父母、孩子等，社会角色赋予人们责任和义务，其往往是通过金钱来实现的。务工正是一个赚取金钱进而实现社会角色价值的过程。村里主要存在两种角色退场的模式，一是结婚辞职，二是幼有所依。

1. 结婚辞职

笔者一行人在村里最经常去的地方就是各个小卖店了，每天饭前饭后总要去买一根一块钱的雪糕，偶尔买个泡面换换口味。大家公认严姐家的泡面是最好吃的。之所以这样评价是因为村内有很多盗版食品，而严姐家的小卖店里都是正版的食物。在这里，我们能吃到“康师傅”而不是“康帅傅”，“奥利奥”而不是“粤利粤”，屡屡出现在小卖店的笔者也渐渐和严姐熟悉起来。她已经是两个孩子的妈妈。她高中毕业后就与同学一起去深圳打工，在厂子里认识了现在的丈夫。

在外面打工遇到老乡很不容易的，也是比较巧，我们两个就在一个厂子里遇到了，我们都说乡话，比较亲切嘛。

他们自由恋爱，随即组建家庭，结婚后，严姐很快就辞职了，回到了家乡。婚前，严姐作为家中已经完成学业的孩子，选择出去打工，挣钱为家庭减负。而婚后组建的新家庭，公公婆婆身体健康、丈夫收入已足够支撑家庭开支，于是严姐选择回乡。她说：“在外面打工还是很辛苦的，我觉得在家里开个小店挣点儿生活费也挺好，还能陪陪老人。”

2. 幼有所依

胖叔酷爱唱歌，为此他在家中安装了一台专业的点歌机，规制同 KTV 里的点歌机一模一样。傍晚时分，歌声从胖叔家传出，五光十色的彩灯在霓虹闪烁，那一瞬间城市和乡村仿佛没有了界限。胖叔是个非常潇洒快乐的人，他每天的日常就是骑着摩托车去摘西瓜、豆角，逗逗弟弟的小孩，晚上唱唱歌，用他的话来说就是：每天就是玩一玩。他提起自己的两个女儿——“之前为了供两个女儿上学，给她们生活费，我在广东打工了三年，什么辛苦活儿都做过，混凝土、玻璃墙啊，就打工了三年，毛病都出来了（三高），两个女儿现在都工作了，小女儿2020年刚结婚，我也算是完成了任务。”

当幼有所依，父母也就功成身退，可以不再奔赴在照顾家庭的第一线，胖叔的生活现状正是如此。父母照顾孩子成长、求学的行为规范使得村民需要外出务工获得更高的工资收入，以期实现自己的角色义务。同样的，严姐从女儿到妻子的身份转换，不再要求她必须成为家中唯一的收入来源，她的社会角色也被解放，由此产生了角色退场型返乡。

农民工做出返乡决定往往是多种因素综合作用下产生的，家庭的呼唤、病痛的折磨、造福家乡的志气、中国传统的“落叶归根”、“你养我老、我养你小”、“出嫁从夫”等观念现实的交织，使得农民工回到家乡。在很多人眼中，选择回乡似乎是一个在城市生活失败，从此生活走入下坡路的选择。但是对于农民工个体来说，这已经是其权衡利弊后最有利于自我与家庭发展的选择，这是他们个体理性作用的结果。

四、返乡现状

一直以来，由于城乡二元体制的隔离，与农民工生活环境、工作方式的差异，农民工一直被认为是“城市边缘人”的存在。与城市居民相比，他们在教育、医疗、就业、保险、住房、社会交往、社会身份、社会地位等方面均处于弱势地位，尽管这一现状在户籍制度改革之后有所变化，但是观念革新却仍未到来。多年的城市生活经验已经在农民工身上打下了烙印，带着城市思想与文明回到家乡的农民工，他们的生活现状是怎么样的，他们如何重新建立自己的社会关系，如何在农村生活条件下完成人生规划的重构？

（一）返乡农民工的婚姻与家庭

1. 婚恋观的变化

有学者认为，农民工由封闭的农村进入相对开放的城市，一方面受到城市自由恋爱观念的影响，另一方面拥有了自由接触、交往的客观条件，这使得农民工的婚恋观向现代化的方向发生转变。[①] 通过访问，笔者了解到目前杨溪村存在两种不同的择偶形态，一种是自由恋爱，另一种是返乡相亲。

现代化的婚恋观使得农民工的择偶标准与择偶观念产生变化，“会过日子”“老实”已经被“谈得来”“缘分”所取代，这对婚后夫妻一方外出打工，维持家庭生活、家庭关系的稳定有着关键性的作用。前文提到的严姐与其丈夫便是自由恋爱组建的家庭。

> 这个主要还是看缘分，缘分到了不管是不是老乡都没关系，而且我是麻溪铺的，其实也不算是一个地方的。

而另一种返乡相亲则是更理性主义的择偶方式。返乡相亲是城市婚姻市场与农民工双向排斥的结果。一方面，农民工经济资本、文化资本和社会资本的低占有率使得他们无法在城市婚姻市场立足。[②] 另一方面，农民工“门当户对”“落叶归根”“说媒”的婚恋思想使得他们不考虑将城市市民纳入婚配对象的范畴中。笔者曾和电子厂上班的丁姐聊过她和她丈夫组建家庭的过程。丁姐是这样向笔者描述的：

> 那说起来真是一个笑话，我和我老公一共只见了三次面就结婚了。

① 风笑天：《农村外出打工青年的婚姻与家庭：一个值得重视的研究领域》，载《人口研究》，2006（1）。

② 祝平燕、王芳：《返乡相亲：新生代农民工的一种择偶形态——以豫东 S 村为例》，载《中国青年研究》，2013（9）。

第一次是我舅妈介绍我和他相亲，去了舅妈家我见到了他，人都傻了！我们坐那里玩纸牌，后来他来了，我就跟他打招呼。他脸皮薄也没怎么说话，第一次见面就这样了。然后第二天他约我去白沙（县城）玩，给我买了个手机。这算是第二次见面。后面我就去打工了，打工回来以后，我妈和我说他给我送礼了，送了些猪肉、糖啊，这就算定亲了。后面我又出去打工了，还没等我回来，我妈就说（结婚的）日子已经看好了，要准备结婚了。……我真的是还没反应过来，我天天在鞋厂上班都快要忙死了。那时候也没有手机，我真的都不知道，回来以后我妈才告诉我。总共才见了三次，第一次在舅妈家，第二次在白沙，第三次就是结婚了，一共还没三个月，见面时间加起来还不超过24个小时，说起来真的是个笑话。真的很突然，我爸已经不在了，家里的一切事情都是我妈做主，然后我又怕我不答应我妈伤心，家里面还欠一点儿外债。在我的思想里面就是把我自己卖了，填点洞。

“说媒”是农村婚姻市场的常规操作，农村青年男女的婚姻虽说也建立在男女双方意愿的基础上，但是更多地受到传统、社会价值、家庭地位、家庭制度等因素的影响，对农民工个体来说无论是哪一种择偶方式，这一定是他们在有限的条件里做出的最理性的选择。只是在中国农村传统文化观念的影响下，女性农民工的婚姻自由随着返乡后在乡村社会系统的影响下，也很难发生彻底的变化。

2. 家庭的变化

一方面，农民工返乡对解决乡村留守儿童与空巢老人的问题是最有效的措施。有学者提出，农民外出打工带来的是家庭从“分”走向“合”，这主要体现在了老人与孩子的隔代抚养关系上。[①] 农民工回归家庭往往由于老人年迈没

① 周大鸣：《渴望生存——农民工流动的人类学考察》，广州，中山大学出版社，2005。

有精力照顾孩子或是老人的隔代教育无法完成父母期望的照护，因此部分农民工选择回乡。笔者认为，随着农民工回归家庭，在家庭关系上与过去相反，由“合”走向“分”，隔代教育将被打破。但是在家庭形态上，虽偶有例外，但基本上仍是“合”的状态，这主要是由于中国乡村社会传统的“家”的观念，“不分家”是乡村社会基本的家庭结构形态。另一方面，由于收入差距带来家庭地位的改变。大部分农民工的家庭由妻子回乡、丈夫在外打工的分居模式构成，这种模式使得夫妻双方收入差距拉大，丈夫在家庭中起到主要经济支撑的作用，也因此拥有了更高的家庭地位。例如前文提到的丁姐，她一边在电子厂上班，一边照顾孩子，她提到“给零花钱”“给多少钱”这往往是最直观影响在小孩子心目中“谁更好”的评判标准，而母亲照顾家庭的付出往往被忽略并且得不到理解。

> 孩子爸爸不管他们学习，就给小孩钱花，不像我管东管西的，所以他们就都和爸爸更亲。有好几次我问她（女儿），如果我们离婚了她跟谁，她就说跟爸爸，因为爸爸给买好吃的……小孩好像都觉得我在家里的付出都是理所应当的，只要她们一回来就有热菜热饭吃，我还得上班，还得照顾小的和老人。但是他们就觉得你的付出是应该的，也没有人在乎。

总的来说，随着农民工返乡，一些家庭问题确实得到解决，农民工的“牺牲”看起来似乎是物有所值的。但是我们也注意到，城市打工的经历使得部分女性对家庭分工、母职劳动等话题有了区别于传统观念的思考，而这种思考也为其回乡后的情感体验带来了困扰。

（二）返乡农民工再就业情况

国务院发展研究中心曾对山东省桓台县10个村庄的返乡农民工展开调查，共涉及737人。调查显示，与外出前96%的人有务农经历相比，返乡农民工回乡后多数不再退回农业，发生了较大幅度的职业转变。另外，他们的职业转变以自主创业为主。[①]返乡农民工带着在城市生活获得的阅历、技能、知识和新思想回到家乡，比之未外出的村民，拥有更大的就业优势。在新时代国家对农村的发展战略与定位的影响下，农村地区的就业特征已经发生了较大的变化。下面笔者将以田野点杨溪村为例进行说明。

杨溪村返乡农民工目前的就业情况主要呈现三种特征：一是年龄分野的体现，年龄在60岁以上的农民工回乡后仍以农业生产为主，而60岁以下的返乡农民工转变快，大多数农民工回乡后不再从事以农业生产为收入来源的经济活动。这种职业转变成为推动乡村经济发展和结构转变的有生力量。二是政策影响力度大，从精准扶贫到乡村振兴，政府优先帮助返乡贫困户农民工再就业并为其他农民工返乡创业提供政策帮扶。探究杨溪返乡农民工的就业情况，需要从杨溪村的历史发展说起，才能更加全面地理解人们的外出与回乡就业的历程。

1. 历史与选择——一个个案

杨溪虽然是一个偏远的山村，但是它从未被政府“遗忘”，这主要体现在其历史行政区划的多次优化调整与重大建设工程落地杨溪。而这两个政策的施行更是直接影响了一大批杨溪村民的务工与回乡的选择。这里笔者想要着重提供一个典型的访谈对象——Y老板，他个人职业的变迁与杨溪家乡政策变化紧密勾连。

Y老板是我们这次杨溪之行负责照顾我们食宿的酒店老板。前文也曾提到他因资返乡，回家创业的经历。Y老板今年50岁了，但是一点儿也瞧不出50

① “农民流动与乡村发展”课题组：《农民工回流与乡村发展——对山东省桓台县10村737名回乡农民工的调查》，载《中国农村经济》，1999（10）。

岁的样子。这不仅仅是因为他外表年轻，更是因为他的言谈举止都很年轻化、幽默风趣、外向大方。Y 老板特别喜欢跳舞，有一次跳得太过剧烈竟然崴脚了，真是让人哭笑不得。Y 老板这样的性格应该与他在外务工多年的人生经历是分不开的。20 世纪 90 年代，湖南省首座 120 万千瓦大型水电站——五强溪水电站在沅江落成。而处于库区范围内的杨溪则必须进行库区移民，12 万人的大移民，将许多人的人生轨迹都改变了。

我自己也是本地的农村户口，当时建五强溪水电站，库区把我们的田都淹掉了，政府把我们安置到县城的灯芯绒总厂，是专门生产做衣服的面料的。后来经营不好，没几年时间就倒闭了，生活所迫嘛，我就去武汉打工了。

五强溪水电站建设的背后是整个盘古乡 15 个村（全乡共 16 个村落）1.5 万户移民户为国家级重点工程建设做出的重大牺牲。不同于三峡大坝赔偿性的安置，五强溪水电站库区移民仅是补偿性安置，淹没了田地、没淹没房子的每个月每亩仅补偿 29.5 元，房子与田地都淹没的，每个月每亩补偿 50 元，补偿标准一直未发生变化。[①] 田地被淹没，相对较少的补偿使得大量村民无法依靠土地获得收入。2005 年，政府对盘古乡行政区划进行大幅度调整，原舒溪口乡与盘古乡合并为盘古乡，杨溪村与曹中坪合并为杨溪村。原乡政府所在地杨溪村，2005 年由于乡政府的搬迁，杨溪的乡政治中心功能消散，由此也直接导致了杨溪经济发展停滞，无法提供更多的就业岗位，大量劳动力被迫外流。Y 老板正是在这些因素的影响下，外出打工多年。

那时候刚出去，也没有人脉资源，什么都没有，就靠自己一个

① 数据来源于笔者田野调查访谈资料。

人，一步一步慢慢做大了，才终于做了个不错的食品厂，后面我和张老师（沅陵县财政局工作人员，负责杨溪旅游开发、文化发掘等事宜）联系，听说他们想要一起搞个旅游开发，我就想和他们一起弄，我们这里太落后了，好多年轻人在外面打工认识的老婆，领回来一看我们这里这么穷，人家不干都走了。村里 30 多个媳妇跑的就剩 2 个媳妇（在村里），有的生了小孩就跑了，孩子都留给爷爷奶奶带，（爷爷奶奶）很辛苦了。我们没有什么别的资源，好像可以搞搞旅游。我们就和政府说了，政府方面也看了一下觉得很好，所以我就回来了。我不回来不行，不然只有他（张老师）一个人跑（张罗），到时候在这个地方，你们来了吃的住的什么都没有，那怎么行呢。所以村委会和其他的干部就要求我回来，我自己也很想回来为我们的家乡做一点儿事。回来以后我就先开了这个酒店，后面又从村委手里接过了果园，像阳光玫瑰（葡萄的一种品类）、椪柑、黄金贡柚、李子这些我们都种，还有香瓜、西瓜都有，先把产业做起来，才能来人啊。

Y 老板的人生经历恰好契合了杨溪村多年来一些重大政策的实践与影响。从库区搬迁到行政区划合并再到乡村振兴，政策给人们带来了波折也带来了希望。但是不是所有村民都能够乘着乡村振兴的东风一展宏图，更多的是随着时间的流逝渐渐消散。

2. 脱贫攻坚时期

习近平总书记于 2013 年 11 月在湖南湘西考察时，从全面加速实现小康社会的战略高度，首次提出了“精准扶贫”的概念。[①] 精准扶贫对于老百姓来说是一个全面的帮扶政策，从根本上为村民解决收入来源问题。

---

① 张君荣:《精准扶贫战略从详细开始》，中国社会科学网，http: //ex.cssn.cn/gd/gd_rwhn/gd_mzgz/201710/t20171013_3667457.shtml。

在政策指导下，2014 年，杨溪村进行了扶贫摸底。杨溪村共有 400 人的扶贫指标，村内实行办法是：首先将 400 人的扶贫指标按照 6 个村民小组的人口进行分配，再由村民小组分配到户。具体施行办法是：村委会和村干部进入村民小组，开村民小组群众会，共同评议哪些人可以成为扶贫户。主要有四个原则：一是家中有无汽车；二是街上（集镇）有无房子；三是开商店的人不能享受；四是享受公职人员待遇的人及其家属不能享受。之后应具体条件详细甄别，如老弱病残、田地情况等综合评估。2015—2016 年开始扶贫到户，2018 年实现贫困村出列，直至 2021 年全村 98 户共 389 人全部脱贫。

扶贫政策贫困户返乡人员的帮扶力度极大，一些返乡后没有收入来源的农民工可以利用政策便利进行就地就业。一方面，一部分扶贫户返乡回流后政府帮助其进行再就业，其中包括对返乡回流人员的岗位推荐及培训服务，帮助回流农民工进行技能和知识方面的培训，尽快就业。另一方面，自 2017 年起，杨溪村委会为扶贫户特设公益性质的扶贫特岗，即将村内公共服务的相关岗位转变为贫困户专属就业岗位，目的是解决一部分贫困户的就业问题，从源头上帮助脱贫。目前村内为贫困户提供的就业岗位有环卫保洁岗、交通安全协管岗、公路养护岗、生态胡林岗等四种扶贫特岗，通过选聘机制上岗，目前在岗 13 人。

在调研过程中，我们也发现一部分返乡农民工并没有充分地利用扶贫政策给予的便利，无法及时就业。笔者在一家贫困户家中访问时，问起为什么没有在当地再找一份工作，他们回答：“找不到。”但是我们在其家中扶贫资料袋中看见《沅陵县就业扶贫手册》，问起为什么没有利用这个资源，他们回答：“我们不知道还有这个，我们又不识字，发给我们也看不懂，就在那儿放着。”可见，个别农民工没有再就业意愿，并且对扶贫政策的利用意识不高。而另一种原因就是政策宣传不到位，没有考虑到农民的实际情况。杨溪村的打工经济使得杨溪村的流动性较高，外出打工的人经常回到家中，除了家人，其他人一时间很难知道他们是否会继续外出。这也造成了一部分人在家赋闲。

政策的覆盖范围是有限的，无法对所有人都进行精准帮扶。在政策之外的这一批返乡农民工，其回乡再就业主要分为两种情况，一种是赋闲在家，无就业打算。这主要体现在因病返乡的农民工身上，他们回乡后往往已经不具备再就业能力。或回家务农，但由于杨溪农业发展受野猪、灌溉等客观因素影响，基本无法创收。这一类农民工主要依靠伴侣或者子女的收入生活。另一种则是利用其自身在城市积累的经验、技术、资金、阅历、眼光等回乡再创业。政府和有关部门出台了一系列政策性文件鼓励返乡农民工就业创业，2015 年，国家印发了《关于支持农民工等人员返乡创业的意见》，从减税降费、财政支持、门槛降低等各个方面全力支持此类人员的创业就业活动。

在政策的影响下，一部分带资返乡的农民工选择将资金用于产业投资，如依赖杨溪天然的自然地理环境优势发展果业、鱼塘养殖业以及杨溪及周边地区丰富廉价的劳动力资源办厂。前文提到的易老板的酒店、产业园产业及其合伙人杨姐的产业投资，以及电子厂刘老板都是返乡再创业的典型案例。而另一部分则充分利用自身技术、能力发展个人的“小生意”。外出务工多年使得返乡农民工的各方面素质都有不同程度的提升，回乡后的生存能力也得到了提高。无论是带着理发技术回乡开店的理发小哥，还是运营经验丰富回乡开小卖店与经营爆竹生意的万姐，抑或是回乡重拾旧业，进行猪、羊养殖业的胡大叔等，回乡后的日子不至窘迫但也还过得有模有样。目前杨溪村的创业情况是相对分散化的创业形式，尚未形成规模化。所谓规模化经济，是适应现代市场经济发展的一种创业类型，其主要特点是：一是内源性力量推动发展；二是创业规模以整村的形式；三是由单一农业转型为一、二、三产业均衡发展；四是利益所得分配均衡。①

虽然杨溪村目前尚未形成规模化创业，仍以打工经济为主，但是返乡农民

① 周冰洋：《返乡农民工规模化创业与乡村社会秩序的重建》，武汉，华中师范大学，2017。

工同样将此类市场经济要素带入村落内部，呈现出一些规模化创业雏形特征，主要表现为：一是部分返乡农民工积极寻求变革，发展的动力来自村落内源性发展力量，如易老板、刘老板一样的创业农民工改变村落留守人群的现状，二是产生了由个人独资到多人股份制的生产合作，如刘老板的公司，三是第二、第三产业发展迅速，并吸纳一定劳动力解决就业问题。现代经济形式虽已进入村落，但是并没有对乡村社会秩序造成完全冲击，杨溪仍然是内生性的乡村社会秩序，返乡农民工创业仍受到乡村社会关系网络的制约，依赖于村庄内人与人之间的联系。

3. 乡村振兴时期

在访问的过程中，我们能够鲜明地感受到，对村干部而言，他们是最先接触政策变化的一批人，在乡村振兴的新时期，村委会的功能也发生了转变，开始发挥协调功能。村委会对回乡创业的农民工给予政策沟通、优惠与支持，对待外来考察者、投资方进行统筹协调接待。但是对于大部分村民来说，他们并没有意识到新政策能够带来多大的支持与帮助，只觉得政策享受一年是一年，村委给钱就要，不给就算了，没有真正思考过如何利用政策优惠让自己提高收入、摆脱贫困。

尽管现在已经进入了全面建设新农村的新时期，但是脱贫攻坚时期的政策优待仍需要持续进行下去。同时乡村振兴的优惠政策提供的良好的创业环境也将吸引更多有专业知识、技能、管理经验的农民工回乡创业。

从扶贫攻坚之前到扶贫攻坚时期再到乡村振兴时期，返乡农民工“离土不离家”的打工方式使得他们对家乡的政策变化并不是一无所知。而乘着政策的东风，一部分返乡农民工能够享受到政策红利，为回乡后的就业生活问题寻求保障。这仅仅是少数部分的农民工，其他没有劳动能力的农民工只能靠子女收入生活，而尚存劳动能力的部分农民工则选择回乡打工或者自主创业。

但是，返乡农民工的就业形式绝不是单一的就业形式，往往是兼业性的生计模式，即依赖于自身技能和知识，他们同时在养殖、畜牧、农业、手艺等各类收入类型中交织生活，用尽所能维持生活，缄默、蓬勃、始终如一努力生活着，无论是在城市还是在农村。

（三）返乡农民工情感体验

农民工的返乡适应问题不仅需要关注到生活、就业等方面，其情感方面的适应融入同样也是学术界颇为关注的议题。返乡农民工由于其在城市生活的市民化体验，特别是其内在素质的市民化——个人生活方式、生存方式、心理状态、价值观念、思维方式等都有别于长期居住在农村的其他村民。[①] 笔者在访谈过程中主要和研究对象围绕“务工生活”和“返乡生活经历”两大主题进行访谈，发现农民工对于回乡前后的生活体验有着如下共性：他们抱怨农村滞后的发展现状的同时又对农村休闲、低成本的生活状态感到满意；他们怀念相对高收入务工状态的同时又对回乡面临的生存压力感到无奈；他们批判城市生活没有人情味儿的同时又对乡村鸡零狗碎、紧密嵌套的社会关系网络感到束缚。总的来说，返乡农民工回乡后其情感适应过程是孤独的、复杂的、幻灭的、疲惫的，但随着时间逐渐平息。

1. 区隔

农民工返乡后面对结构式边缘化，一方面包括长期在外务工导致了农民工与农村内部的联结减弱，另一方面从城市到乡村社会环境的改变使得农民工发生的社会身份的转换。[②] 这导致了农民工在情感上也同时发生了心理边缘化，这种心理边缘化的过程是一个由自我到他人、由他人到自我的双向过程。

一方面，走南闯北的杨溪农民工去过了很多地方、见过了很多人，他们的个人经历使得返乡农民工拥有更高的自我肯定和对外出打工回乡身份的优越感。

---

① 郑杭生：《农民市民化：当代中国社会学的重要研究主题》，载《甘肃社会科学》，2005（4）。

② 张云宝：《故土难回：返乡新生代农民工边缘化现象研究》，武汉，华中师范大学，2019。

从文化层面上来看，他们认为虽然返乡农民工与从未外出的人们相比学历水平相当，但是其多年来在城市生活的经验获得的新技术、新思想使得农民工个人素质更高，文化水平也有不同程度的提升。无论是其言谈举止还是行为方式都与“城市市民”相差不大，最直观的体现就是普通话说得标准与否、能否听懂。笔者曾遇到一位特别喜欢聊打工生活的爷爷。爷爷时年 66 岁，但是看起来非常年轻，因为年龄大，干不动了，便回家养老了。他和笔者聊起在广东外墙装修时如何规定 8 小时上班，但他们只做 5 个小时；在江苏吃不惯甜口食物和老总叫板；在西安被贼偷；在北京被人骗 80 元；在四川吃不惯麻辣口；在广西听不懂当地人说话；等等。爷爷普通话说得很好，人也风趣幽默，一个鲜活的打工人就这样呈现在笔者的眼前。

当笔者和他谈起回乡后和邻居的相处时，他提道：

一般般吧，有些人外面没走过，没有什么见识，素质还是低。在外面走过（的人）知识广一点儿……你想想，有些人一辈子都不出门他什么都不清楚，你和他聊天儿都聊不到一块儿，你说的他也不懂。……我那个时候和我们一起打工的人我们去北京奥运村一起做工程，那个时候没有手机，我谁也联系不到，但是我就自己一个人，一路问一路找，我摸到北京的汽车站，我说我要去奥运村，大姐问我哪里来的，我说我是毛主席家乡的，大家就说不收我钱，送我过去，我这就自己找到奥运村去了，后面做完了又自己回来了，我就凭我自己一个人，你看像那些没读过书、没见过世面的人，他自己也不敢出去，他害怕呀。人还是要出去看看，以前我没走过我也不知道，到了深圳、香港那边好繁华的，不过你走过了你就发现也就是那些路，到哪里都是那些路，你走过一遍别的地方，哪里你都能去了，都敢去了。

“见过世面”“有见识”“有眼界”这是一批返乡农民工对自己的共同定义，当他们提起没有外出过的邻居、妻子、亲人，就会以“不懂、没见识、说不了话”等词汇来形容。返乡农民工用其独特的人生经历在文化层面上将其与其他从未出过门的农民区分开来，自内向外地树立起了这道“不同”的屏障。也将自己隔绝在了与这一类人交流沟通的界限之外。

我有时候很不愿意回来，我一回来他们（亲戚、村里的人）就问我怎么不去打工了？现在在哪儿干活儿？挣多少钱？我听见就很烦，那些七大姑八大姨就爱问这些，他们什么都不懂，还老是问问问。

另一方面，由于返乡农民工常年在外务工，仅仅在年节的时候返回家乡，这使得他们与村落内部的联系较少，始终游离于村内社会关系网络的边缘。因此，当部分农民工返乡后，会经历较长时间的“举目无亲”的状态。短时间内他们无法打入乡村社交圈内部，也因此会导致他们回乡后的生活体验。笔者在田野期间住的地方对面有个小卖店，万姐是这家店的老板。我们一行人经常去万姐店里“搜刮”小零食，一来二去也和万姐熟悉起来。她在小孩出生几个月后就去上海打工了，一去就是9年，孩子随着万姐一起在上海居住、上学。由于孩子学习成绩比较差，万姐又没有时间管教，于是万姐选择带孩子回乡，回乡后开了一家小卖店。

我之前一直在外面，后来搬回来到这里，我住在下面（杨溪集镇主街的下方），因为我也是这的人。虽然我和这儿的人都认识，但是都不熟。我在小孩几个月的时候就出去了，一直在外面，过年了回来一回，然后几天就又出去了。回来以后在这里没基础，就感觉很生疏的那种，现在经常说话呀、接触、聊天儿呀，了解多了就好很多了。

虽然我姐姐也在这里生活，但是不会有太多帮助，我婆婆她之前都在长沙那边带小孩，去年下半年才回来，也和这边的人不太熟。我要不是在这里开店，我还是和他们（杨溪其他村民）不太熟的。人还是要接触的，我以前很少来这里，以前散散步从这里走过去就完了，有时候也就打下招呼就完了。反正做什么事儿都有一个过程，一开始都很难的。一开始开这个店我都有点儿不好意思的，有点儿害羞，和大家又都不认识，生意也不好，感觉好丢脸，坐在这里都不自在。现在好了，脸皮也厚了，感觉你来不来都无所谓。想想那时候也很好笑，这里读书的人很多，但是他们不认识我，都不会来我的店里买东西，都去认识的人家买东西。

在中国的农村地区，做生意普遍依靠的不是广告宣传而是熟人之间的相互推荐，即熟人生意。万姐回乡后，由于和当地人不熟，她的小卖店经历了从冷清到红火的过程。这种情感上的区隔由其他村民到返乡农民工身上呈现出来。长时间远离家乡使得农民工返乡后的日常生活、人际交往都显出较大的脆弱性，这使得建立在社会交往之上的邻里关系被进一步侵蚀，进而影响返乡农民工的互相心理适应与就业等问题。返乡农民工与原住民的区隔心理是相互的，这种心理是由时间和距离的客观条件以及思维方式、价值观念、生活方式等主观条件决定的，是返乡农民工回乡后无可避免的情感体验。

2. 社会再融入

上文提到，返乡农民工与本地居民在情感上存在区隔，但是同处于一个社会系统，基于地缘与血缘的社会构成，他们共享相同的语言和历史文化，这些要素帮助他们进行认知上的重构，实现自我与他人的认同。

一方面，瓦乡语言持续发挥着巨大的联结作用。在杨溪村，人人都会说瓦乡话，上至八九十岁的耄耋老人，下至十几岁的孩子，哪怕是在外打工十几年的人们也仍然会说瓦乡话，不曾忘却。瓦乡话是瓦乡人民心中一笔宝贵的语言财富，村民日常生产生活都用乡话交流，这种原始、神秘的语言使得他们对自己的文化深感自豪。另一方面，不同于城市社会人人擦肩而过却都是陌生人的生活状态，乡村生活是小而微的。在这里，血缘和地缘是最重要的联结机制，这里的每个人都和他人有着千丝万缕的姻亲、血亲关系。因此，哪怕在外务工多年，回乡后在家人的帮助下也能够以比较短的时间重新融入。

五、乡村振兴新思路：强强联合

前文曾提到杨溪村有一家电子厂，这家电子厂是由外乡人刘老板和本地人小王老板一起合作开办的。这是杨溪村内第一家工厂，在 2021 年 3 月 23 日正式开始工作。

我和小王老板一起合伙做的这个，整个运作各个方面都是我在做，因为他以前不是做工厂行业的。我之前自己打工，自己创业也很久，之前打工打了 14 年，就在多尔康，你可能不知道，是以前十大真皮鞋王之一，做到了厂长的位置，最多的时候有两三千人，所以这些我比较熟悉。只不过他（小王老板）是本地人，我是常德的，总要有个本地人一起去操作，才能做起来。我本来是打算在筲箕湾（镇）开的，但是我有个朋友一直在介绍我来这边，然后我就来了。现在厂里、公司里所有的事情都是我在负责，包括订单、业务这些，小王老板主要负责后勤、社会环境这一块，毕竟他是本地人，像招工这些他出面会比较好一些。

我们主要做两个产业，一个是电压器，一个是鞋厂，都是代加工的形式，就是增加这边的就业岗位，让这附近的人都有事情做。他们高的话一个月能拿4000块钱的工资。这样比在家里种田收入也高一些。（开厂）主要目的是让外面打工的人也可以回来。家里有事儿做他们就能回来，回来伺候老人、带带小孩。现在小孩子靠爷爷奶奶根本是管不住的，我们的想法就是说，增加这边的就业岗位，创造出更好的经济收入，让这些地方的陋习改掉。像小孩子没人带，老人没人伺候，这些慢慢都能改变。只要这里有了工作的地方就不会出去的。如果小孩子带不好的话对社会、对家庭都是很痛苦的。

刘老板和小王老板这种“外地人＋本地人”的组合模式，“外接资源＋在村办厂”的经营模式为实现乡村振兴，建设有人、有产业、有收入的新农村提供了思路。一方面，返乡农民工是乡村振兴非常重要的一股建设力量，他们带着资金和技术回乡创业，为其他当地人口与返乡农民工提供就业岗位，用收入把人留下来，这样才能解决因劳动力外流产生的一系列社会问题。另一方面，外地人想要进入以血缘和地缘为基础构建的乡村社会是很困难的，在建设新农村时期，势必要引进大量外地人才与投资，而这些人与投资如何能在乡村落地生根，得到村民支持，则是一个非常需要思考的问题。对此，案例中与本地乡村精英合作，利用其“当地人的身份”打入乡村内部的做法提供了新思路。这样既有利于消解村民对外来事物的不信任甚至抵制，推动建设的顺利进行，又能充分利用乡村人才资源，解决乡村建设人才缺乏的问题。

六、总结

返乡农民工群体的特殊性在于他们既“贫困”又“富有”。他们贫困在只有务工这一条挣钱的出路，不打工就意味着没有收入来源，家庭的生活情况会变得糟糕；他们富有在城市务工的生活经历使得他们获得了城市的新思想、新的生活方式、新的技术、新的思维方式等，他们的素质有了不同程度的提升，这是一笔宝贵的个人财富。

首先，本书就返乡农民工的回乡原因做了梳理，总结出了四大类回乡原因，即因亲返乡、因病返乡、因资返乡以及角色退场。这与农民工决定外出打工的原因与务工生活所得息息相关。农民工回流必然面对城市的推力和家乡的拉力，在两者的双重作用下，农民工做出最有利于自我与家庭发展的选择。

其次，笔者针对农民工的返乡后的生活体验进行了详细讲述，这主要包括其回乡后的婚姻、家庭、就业与情感体验四个方面。

在婚姻与家庭的层面上，关注返乡农民工婚恋观与家庭情况的变化。毋庸置疑，返乡使得留守问题得以解决，而农民工的婚恋观仍然受到传统的影响并随着返乡逐渐加深。

在就业层面上，笔者详细讲述了返乡农民工回乡就业后的情况，这与其返乡原因相联系。基本上，因亲返乡和因病返乡农民工由于要照顾家庭和自我身体的客观条件不允许的情况下，返乡后基本处于待业状态，他们无法离开家去从事其他工作，因此回乡后往往没有收入来源，主要依靠配偶或者子女的收入生活。其中例外的是，由于村内民办企业的兴起，如众建鑫科技有限公司与产业园，可以为回乡农民工提供就近工作的机会，因此，一部分回乡照顾家庭的农民工也可以实现工作与家庭的兼顾。而因资返乡的农民工携带资金、技术、管理经验等回乡进行创业，他们成为在村内“说得上话”的乡村精英。角色退场的农民工是其中的例外，他们没有收入的压力，这使得他们可以自由选择就业与否，怎样就业。

在情感体验方面，返乡农民工在城市与农村两个不同场域的转换之间经历了从城市边缘人—乡村边缘人—乡村融入的过程。而在这个过程中，无论是在哪里，农民工都能在其日常生活的变化与实践中完成主体性建构。他们在城乡不同的生活环境下，在城乡的夹缝中建构自己的生活世界，并最终在血缘与地缘基础的拥抱下，找回自己的社会角色。

最后，回流农民工对于乡村建设来说是一笔非常重要的人力资源财富。无论是其从城市习得的价值观念、生活方式、思维方式、技术、能力、经验，还是其出生于农村，深深嵌套在农村社会体系，了解农村社会运行机制的先天经验，都启示我们这是乡村振兴的一股蓬勃的、具有相当生命力与创造力的力量。用当地人振兴当地，是最为经济的振兴选择。而要实现有素质、有能力、有水平的农民工回流，就必须解决因农村资源的贫乏、无收入来源等因素导致的劳动力外流情况，以及解决农民工返乡后的生活问题。如何能够让回流的农民工留在家乡并且有更多的生存空间与选择是乡村振兴需要着重考虑的问题。杨溪村的产业园、电子厂、旅游业开发的尝试为我们提供了思路。

第八章　杨溪村的乡村互联网实践

一、引言

既有关于媒介与空间的研究认为媒介技术创造的虚拟的“公共空间”与广场、街道、公园和建筑等实体的城市地理空间合二为一。① 城市地理空间中大量原本的“直接经验”与技术中介化过程紧密融合后抹淡了“中介经验”与“直接经验”之间的原有界限，媒介技术的大量涌现“超越了距离、从属性和缺席”②。而笔者在杨溪村的田野调查却发现当地老年人大多活动在线下空间，而年轻人在线下空间参与度并不高。村中的公共空间与虚拟空间在代际展现出巨大的实践落差，并在不同群体中发挥着不同的功能与作用。笔者在和村中一位青少年聊到为什么不参与村内大人们的公共活动的时候，他一边低着头玩手机，一边反问笔者道：“除了玩手机我们还能做什么呢?”这一现象同样折射出数字技术下乡村空间实践的多元性。随着数字技术不断渗透到乡村公共空间，线上与线下空间交叠，中老年人群体与青少年群体对于线上线下空间的不同感知实际上会影响他们空间参与行为的分化。而目前有关乡村公共空间的讨论，聚焦

① 潘霁：《地理媒介、生活实验艺术与市民对城市的权利》，载《新闻记者》，2017（1）。
② McQuire, S. *Geomedia: Networked City and the Future of Public Space*. Cambridge: Polity Press, 2016.

在物质层面上乡村公共空间的衰落①以及公共参与缺失的现象②，并没有深入探究不同代际主体的空间参与差异。

关于乡村公共空间的学术讨论其实是一个层层递进的过程。第一个阶段主要关注对于乡村空间的整体性理解，进而发现乡村公共空间中存在的现象和问题。张良将乡村空间的变化总结为信仰性公共空间的衰落、生活性公共空间的萎缩、娱乐性公共空间的减少、生产性公共空间的消失以及政治性公共空间的有限这五大方面。③但是他的分析着眼于乡村物理公共空间上的变化，没能关注乡村中代际的不同主体在公共参与中的分化。第二个阶段重点分析乡村公共空间失落的深层原因。张诚具体分析了乡村公共空间失落的深层原因，包括可达性不足、公众参与的缺失、空间发展理念的迷失、社会功能的弱化以及公共议题的失语等公共性困境。④他虽然关注了公众参与缺失的重要现象，从公众参与的角度提出乡村规划的建议，但是并没有考虑乡村公众主体的多元性。第三个阶段则主要关注乡村公共空间的村民主体性。刘林提出真正有效的乡村规划必须考虑村民的主体性参与。⑤宋靖野则关注了乡村村民在茶馆中蕴藏的丰富的表演技术、游戏形式和话语策略，并将茶馆看做是联结自我与社会、结构与阈限、话语和实践的诗性空间。⑥但是村民内部的代际主体差异依然没能得到足够多的重视。总的来说，以往的研究都是从人的视角去讨论乡村空间，代际空间参

① 周尚意、龙君：《乡村公共空间与乡村文化建设——以河北省唐山乡村公共空间为例》，载《河北学刊》，2003（2）；董磊明：《村庄公共空间的萎缩与拓展》，载《江苏行政学院学报》，2010（25）；王春光等：《村民自治的社会基础和文化网络——对贵州省安顺市J村农村公共空间的社会学研究》，载《浙江学刊》，2004（1）。

② 徐云龙、李文翎：《中国乡村空间研究的知识脉络与进展——基于Citespace可视化分析》，载《现代商贸工业》，2021（31）；龙花楼：《论土地整治与乡村空间重构》，载《地理学报》，2013（8）；曹海林：《乡村社会变迁中的村落公共空间——以苏北窑村为例考察村庄秩序重构的一项经验研究》，载《中国农村观察》，2005（6）。

③ 张良：《乡村公共空间的衰败与重建——兼论乡村社会整合》，载《天津行政学院学报》，2013（6）。

④ 张诚、刘祖云：《乡村公共空间的公共性困境及其重塑》，载《华中农业大学学报》（社会科学版），2019（2）。

⑤ 刘林：《乡村规划中村民主体性研究》，徐州，中国矿业大学，2020。

⑥ 宋靖野：《“公共空间”的社会诗学——茶馆与川南的乡村生活》，载《社会学研究》，2019（3）。

与行为分化行为并没有得到足够充分的研究。

在探究线上线下空间参与行为分化的话题当中，社交可供性无疑提供了空间参与分化原因的有力解释。社交可供性的概念是对媒介可供性概念的延伸。2017 年，传播学学者潘忠党率先提到了“媒介可供性（affordance）”的概念。① 他所指的媒介可供性的框架，具体包括信息生产的可供性、社交的可供性和移动的可供性。但是他只提出了媒介可供性的框架，并没有分析可供性的具体内涵。喻国明和赵睿则进一步扩充了媒介可供性的内涵。信息生产的可供性主要体现在媒介形式的灵活性以及为用户内容生产赋予价值的能力，社交的可供性表达的是媒体体现现实社会中的情感属性和社交属性的能力，移动的可供性则针对于媒体设备的移动能力与数据搜集的能力。② 总的来说，媒介可供性强调了线上空间对于个体信息获取以及社交往来两方面的可供性，为如何研究个体对于线上空间的感知提供了方向。彼得·纳吉和吉娜·聂夫则批评传播学的这种可供性理论过于强调社会的因素而非物质性因素，无法揭示数字技术在传播过程中复杂性，从而进一步提出了“想象可供性”（imagined affordance）的概念。③ 想象可供性强调目前有关可供性的理论应该将重心放在媒体的物质性、情感作用和中介过程的场域中进行考虑。中介体验具体表现为用户对虚拟环境的感知受环境的技术配置以及他们自己的信念和期望的双重影响。物质性指的是用户的社会背景、能力和目的定义了他们与技术的交互；情感作用强调的是用户可能会与技术形成强烈的情感关系，并可以将某些情感内容投射到它们身上，将其视为“关系实体”。想象可供性延展了媒介可供性的概念，更多地关注线上空间作为一种场域与个体社会背景等因素的交互影响，但是他们的研究同样没有聚焦线上线下空间的交叠对于个体空间感知产生的影响。线上线下空间的不

① 潘忠党、刘于思：《以何为“新”？“新媒体”话语中的权力陷阱与研究者的理论自省——潘忠党教授访谈录》，载《新闻与传播评论》，2017（1）。

② 喻国明、赵睿：《媒体可供性视角下“四全媒体”产业格局与增长空间》，载《学术界》，2019（7）。

③ Nagy P. & Neff G. Imagined Affordance：Reconstructing a Keyword for Communication Theory. *Social Media + Society*，2015，2（2）.

同形态实际上也会影响到代际进行社交的意愿和能力。

基于此，本研究的社交可供性指的是在线上线下空间可以提供给不同个体进行社会交往的可能性以及个体在两种空间载体中愿意进行社交的意愿和能力。该概念能够将空间的分析和人与人之间社交关系联系在一起，从而揭示空间与关系之间的交互影响过程。借由社交可供性的概念，笔者试图分析乡村青少年线下空间脱嵌背后的代际空间感知差异和乡村社会变迁过程，进而反思乡村振兴大背景下空间生产过程中的主体感知及实践差异。

二、线下公共空间：社交可供性不足与青少年的脱嵌

从物理学上讲，“空间”是一个先于人类的物质性存在，人的活动一定需要借助空间才能展开，然而人文科学意义上的“公共空间”则不是和物理学上的空间可替换的概念，它并不是一个已然存在的，等待着人的各种文化和社会行动在其上展开的物质性空间。无论是汉娜·阿伦特还是列斐伏尔都不认为“公共空间”是一个被动的有待填充的箱子或者等待表演者的舞台。他们都认为“公共空间”是与人的公共性活动和实践互为建构的，是需要通过聚集以及文化活动来建立的。而这些村落主体在空间中的聚集和文化活动的实践过程构成了空间的公共性。公共空间的社交可供性也将从两个向度上进行考察，即在考察乡村空间的情景建构对于不同主体的意义的同时，也需要分析不同主体对于乡村空间的利用和参与。接下来的内容将重点展现乡村不同年龄群体的日常生活实践与乡村公共空间的关系，从动态的关系中试图展现不同主体对于空间的感知和利用，进而分析社交可供性。

（一）线下公共空间可供性不足：参与脱嵌

在实际调查中，笔者发现中老年人的日常生活实践构成了杨溪村的线下公

共空间的重要内容，该群体也成为与乡村公共空间交互最频繁的主体。与之形成鲜明对比的是，青少年的社交生活很少与乡村线下公共空间产生关联。杨溪村由溪得名，一条杨溪将村子分成两半，村小组和小组之间的交通非常不便，最远的姜家组到村委会办事要走近一个小时，多数时候村民外出采购和出门办事都要靠杨溪中的摆渡船作为交通工具。村民的一天是从集市的船和田地里开始的，天色还是一片黑的时候，赶集的船已经载上一船中老年人往集市出发了。等到天刚蒙蒙亮的时候，就已经有老迈的农人开始在地里干活儿了。间或有几位妇人，已经背着卖菜的背篓在路上行走了。等到中午时分，村里的牌班子架上了，中老年人或者去打牌或者去厂里上班，消磨掉炎热的白天时光。晚上，中老年人或者跳广场舞或者弹二胡或者只是闲聊。然而从早到晚，除了一两个匆匆从路边走过的青少年外，整个乡村空间中的青少年就好像是蒸发了一样，很难看到他们的身影。即便是村中唯一一个篮球场，也很少看到青少年来此运动。

人类学对于空间的研究基本上不会认为空间是固定的、静态的研究对象，它本身会随着日常生活与实践不停地变动着，因此乡村空间一样也被认为是一个过程，而不是一种停滞的有形的绝对物理属性的物。通过在杨溪村的田野调查，笔者倾向于将村内的空间视作是一种“社交化空间”，从中讨论本地人是如何审视其生于斯、长于斯的地理景观的。杨溪村的瓦乡人将村落看成是一种关系生成和维系的场域，村落的空间景观与社会交往是互相指涉的，人们在其中互动实践，生产地方感与空间的概念。

杨溪村前有田后有山，房屋依山而建，逐渐往上升高。连接至每户的巷子也都是依山而上的斜坡，与最低处的沿杨溪的环村路相接。村中有一条主干路，连接着村委会和村中各户。穿村而过的主干路向西一直通向 2019 年才修好的杨溪大桥，环村路前面的田因为有杨溪灌溉，水源不虞匮乏，村民主要用来种植粮食作物。现在的村中田地位置是水库修建之前村民们的家舍位置，因为修建了水库导致水位上涨，村民们搬迁到了田地后面的山坡上，这样既可以保证水源灌溉，免去挑水的劳累，也可以在汛期防止水涨危及房屋安全。

因为杨溪村与其他村镇之间被杨溪隔开，村中村民向外交往和物资买卖都需要借助船，摆渡船也由此成了当地村民交通出行的重要工具，也是村民关系生成和维系的重要媒介。杨溪村的公用摆渡船只有一条，船归村长运营，每天固定发船一班，杨溪村是起点，到丑溪口集市为终点，航行时间约一小时，中间无固定停靠码头，间或有熟人给开船人打电话则可能在不固定的地点停靠接人。发船时间为早上 6 点，从丑溪口集市返回的船是 9 点发船，乘坐摆渡船的多数是去集市购物的村民，船上一般可以坐 30 多个人，有两条小板凳。一趟船费要 5 元，比公交车要便宜。摆渡船每天不一定会严格按照时刻表来发船，具体发船时间会因为乘船人数上下浮动半个小时，村里人会留船夫电话方便联系去坐船，一般只要不超时太久，船夫也会等人齐了再出发。

如果将杨溪村的空间看做是可以生成和维系关系的场景，摆渡船无疑就是这个场景中重要的交往工具，它连接着村民和集市，而集市被人类学认为是重要的村民交往和关系生成的场域空间。从我们在杨溪村的田野观察中可以看出，搭乘摆渡船往返于集市和村子的绝大多数是村中的成年人和老年人，他们既是家庭劳动的承担者，也是当下乡村空间中重要的活动主体。他们中的绝大多数从未走出过杨溪村，将个人的生命历程完整地嵌入了乡村的空间，透过生产活动和社会交往产生着自身对于地方感的认同，也正是这种主动地嵌入让整个杨溪村的空间图景展示出围绕这群人而构建的视觉感官。相比之下，青少年则逐渐消失在了乡村的空间图景之中。

笔者在和船夫访谈的过程中得知，摆渡船并不仅仅是为村中的成年人提供出行工具，它在平日也接送村中的学生往返于学校和村里。对于学生和村中的成年人来说，“船”所代表的含义是截然不同的。杨溪村义务教育阶段的适龄学生统一在舒溪口九校就读，这是一所九年义务制寄宿学校，因为学校地处偏远，山区交通不便，学校的日常教学安排是上十天课放三天假，放假前一天船会定时在码头接学生回村里，等到假期结束的前一天，也会在码头按时送学生回学校。整个行程大概十几分钟，一般学校会统一雇用两艘船，一艘是摆渡船，一艘是村中村干部的船。接送船只主要由学校老师负责联系，保证每个学生都能按时上船。学生一个学期付 80 元钱就可以。对于学生来说，摆渡船只是他们两点一线的制式生活的工具，目的是安全高效地保证他们在两点之间往返，除此之外，摆渡船并不具有额外的社交和关系生成的功能。相比之下，摆渡船则可以将村中的成年人带向更多关系和社交情景的空间，由此可以看出，同样是“船”，但其作为关系空间重要的媒介，对于不同的主体来说具有截然不同的社交可供性，产生了不同的意涵，建构着不同的空间感知。

对于村中的青少年来说，他们的日常生活更多的是围绕着家内空间和学校空间展开的，并且伴随着学校教育对家庭教育的替代，今天乡村社会的大部分年轻人对于学习农业知识和技能不感兴趣，家长也不肯让自己的子女把时间“浪费”在做农活儿上，更多的是从学业上规划他们的生活。以升学为目标的教育导向指引着青少年将走出乡村作为人生目标，由此青少年的日常生活实践便不断地主动将乡村与城市对立，想象都市文化的美好并从各种信息渠道收集相关的知识内容，并进行文化效仿进而产生认同。在调查中笔者也主动参加了村中的各类传统文化活动，如婚礼、葬礼等，进而观察青少年对于乡村文化的看法和态度。费孝通先生认为乡村社会“亲密社团的团结性就依赖与各分子间都互相的拖欠着未了的人情。……来来往往维持着人与人之间的互助合作”[①]。人类学家贝斯特在对于日本的社区研究中提出，葬礼等仪式也体现了共同体成员之间在家庭出现紧急情况下将曾经支付的人情一次性收回以平稳度过未预的变故。[②] 在村中的一场葬礼上，笔者碰到了去世老人胡九妹的孙子小曹，刚刚初中

① 费孝通：《乡土中国》，北京，北京大学出版社，1998。

② ［美］西奥多·C. 贝斯特：《邻里东京》，国云丹译，上海，上海译文出版社，2007。

毕业的小曹作为五服内的至亲也同其他大人一样穿着白麻孝服。在行礼的空隙，笔者和他聊起了关于现在乡村仪式和节日的话题。从小学3年级开始小曹就离开了村子到舒溪口九校读书，每逢周末和寒暑假才回村子看望爷爷奶奶。他说自己对于现在村子里的这些仪式很陌生，并不知道每一个仪式过程是什么意思，并且对这些文化也不感兴趣。他说有时在家里也会听到外面鞭炮声响起，知道村里有人家在搞仪式，但是也提不起兴趣去看。这次葬礼因为是自己的奶奶去世，所以不得已才被家中大人安排着参与到仪式中来，在问到关于葬礼中仪式的含义时，他说的一句话让笔者印象深刻，他说：

> 就听他们（道士和家长们）的话，到处跪一下。等他（道士）唱完那段，我就可以起来了。

葬礼在村落社会是每家每户相当重要的仪式事件，这不仅是家中成员表达对逝去亲人的悲痛，同时也是借由这个事件向村中人展示自家经济实力以及“人缘”的重要场合。“人缘”就是通常说的一个家族或家庭成员在村落共同体中的他人评价，体现着村内社会交往的水平和质量。仪式场合中村中其他成员是否“捧场”是衡量主家“人缘”的重要指标。如果说葬礼的排场是体现主家经济实力的表征，那么村中有多少人参与进来，提供人情礼往的互相帮衬则是“人缘”的最直接体现。由此葬礼提供了一种重要的社会交往的文化空间，对于每一位村中社会成员来说都是地方感和身份认同的重要场合。然而对于小曹这样的年轻人来说，葬礼上的社交可供性是极低的，他们首先并不谙熟传统文化的基底机制，进而无法透过亲身实践参与到此种社交空间中，只能按照大人的指示，程式化地完成各种规定的仪轨。由此对于年轻人来说，今天传统乡村社会的种种文化空间所能提供的社交可供性是相对缺乏的。

（二）制造“危险”的乡村空间感知：抑制社交可供性

在《人行道王国》中，米切尔提出现代化城市发展过程中，政策制定者将寄生于街道的无家可归者视为“破窗”，认为正是这些街头人员营造出街道上“无人在乎”心态的因素，导致人行道上的公共环境恶化。因为这些人有四种行为没有被非社会控制所管制，这四种行为包括公共场合小便、拉住当地居民讲话、出售偷窃赃物以及在人行道上睡觉。[①] 街道被塑造成一个危险的公共空间，而杨溪村的青少年与线下公共空间的脱嵌同样与现代化的城市建设过程中的危险空间的塑造有异曲同工之效。

据村中老人回忆，他们儿时的玩耍嬉戏的场景要比现在丰富，无论是屋后的山林、房前的杨溪还是村中的羊肠小路，都是孩子们的游戏空间，夏天在杨溪中游泳，冬天冷的时候还可以用水浇冰用来滑冰。那时没有电视，更没有手机，但每个孩子每天都很快乐、充实，因为孩子们都在一起玩，家长们也无须担心孩子的安全问题，基于熟人社会的集体监护成了解决安全问题的最好的地方性知识。然而现在的青少年似乎发现村中的“可玩”空间变得越来越小了，杨溪曾经因为有人非法挖沙导致河中出现了越来越多的暗流，河水也不再适合夏天游泳了，村中曾发生了几起溺水事故，小孩不再被允许下水。而村中的山林由于之前的乱砍滥伐，生态环境遭到了严重破坏，山林中的野猪因为找不到吃的跑下山进到了村庄，村民们也开始教育自己家的小孩不可以私自上山玩耍了。

由于中国乡村社会之前的空间治理能力有限，更多的是基于非制度性的约定，空间资源的“公地效应”较为明显，由此出现了上述空间过度使用的问题。基于过度使用带来的“破窗”，使得杨溪村的空间开始被制造成为危险的而禁绝村民，尤其是青少年。基于危险空间的影响力，当地政府和村民制定了一系列针对空间安全的制度性和非制度性的措施，每年寒暑假，学校的老师以及村

① ［美］米切尔·邓奈尔：《人行道王国》，马景超、王一凡、刘冉译，上海，华东师范大学出版社，2019。

里的领导班子成员会挨家挨户地宣传游泳的危险以及野生动物下山导致的山林危机，警告家长和村民禁止从事相关活动。同时因为杨溪村同中国绝大多数的乡村一样依靠打工经济维持家户生计，家中留守的往往是老人和孙辈。这些年迈的老人既要从事必要的农业劳动以维持家中的基本消费，同时因为年龄问题无力过多地投入精力到隔代孙辈的日常抚育上。权宜之下，老人们开始借助“电子保姆”也就是手机来辅助实现日常的照护，最明显的表现就是将自己的手机给孙辈无限制地使用。

南希在对大学生的线上社交研究中提出，越是积极使用手机建构联系的年轻人越是经常性积极发展线下的联系，[①]但是在乡村这一过程却因为线下空间的“危险性”而受到限制，进而发展出截然相反的结果。“危险”的乡村公共空间的体验被迫让年轻人放弃了线下社交，转而尝试更加“安全”的方式，在这个过程中，线下空间的社交可供性被人为干涉而抑制，青少年无法透过游戏的方式获得正常的社交，转而求之于数字世界，在地的社会化过程让渡给了更具都市性和全球性的过程，这也为接下来杨溪村的青少年主动隐身于村落而活跃于网络世界提供了重要的空间基础。

（三）生计方式转型下乡村空间的凋敝

杨溪村的生计方式转型同20世纪90年代沅陵地区五强溪水库的修建有密不可分的关系。五强溪水库建成前，杨溪村以传统土地耕种和禽畜养殖为主要生计方式，且以满足自家生活为其生产活动的主要目的。水库的修建导致村中多数平坦的农田被淹，村民的房屋也被迫迁往高处，同时受到水库关闸蓄水和船运为主的交通方式影响，田地位于淹没区的村民开始通过捕鱼和外出务工寻求日常生活的经济来源。2019年禁捕政策实施后，外出务工逐渐成为杨溪村村

① ［美］南希·K.拜厄姆：《交往在云端——数字时代的人际关系》，董晨宇、唐悦哲译，北京，中国人民大学出版社，2020。

民经济收入的主要来源。生计方式的转型带来了空间层面上大规模的人员流动，乡村原本依赖代际传承的农业和渔业产业不断衰落，并带来了城乡之间人员的空间流动。当地青壮年被迫离开乡村前往城市谋生，部分学龄青少年被留在了乡村同隔代祖辈一起生活。

乡村公共空间的营造核心在于人，村民广泛而积极地参与，尤其是年轻人的参与，是乡村公共空间公共性的集中体现。然而杨溪村留守人口的结构导致了这两个群体对于乡村公共空间的营造和参与都存在“无心”与“无力”的问题。首先，对于乡村公共空间营造的“无心”问题，主要表现在村民普遍将公共空间营造问题与村落空间治理问题等同而视，认为村内大小事务都应该是村委会包办的，并且对于村中公共事务的关心程度在大幅下降。例如村内的公共设施被破坏、闲置甚至废弃少有人问津。贺雪峰在《新乡土中国》中曾经讨论过类似问题，他认为在从“乡土”到“混凝土”的转变过程中，乡村社会的运行模式、社会组织结构甚至生活习惯都发生了变化，乡民开始面对一个更加广大的市场经济世界，基于陌生人交往的普世价值观取代了基于乡土的特殊价值观，宗族、家族甚至宗教的联系力和约束力都开始下降，农民的原子化状况迅速显现，而合作意愿不断降低。[①] 其次，对于乡村公共空间营造的“无力”问题则是和村中特殊的留守人群的人口结构密切关联。村中的老人和孩子本就是公共参与的边缘群体，加上近年来运动式的“乡村振兴”在中国广大农村轰轰烈烈地开展，基层政府基于工作效率的考量在乡村公共空间的建设和发展过程中逐渐发挥主导性，甚至决定性作用。村民对于乡村建设的参与逐渐表面化和形式化，由此也导致了乡村公共空间建设的主体错位现象出现。

村民外出务工也导致了村中出现了不少的“洄游”青少年。本书中的“洄游”青少年，指的是那群平日在村中和隔辈祖父母一起生活，假期则到城市和打工父母一起生活的适龄青少年。田野调查适逢暑假，冷水溪组、姜胡组整个

① 贺雪峰：《新乡土中国》，北京，北京大学出版社，2013。

组能联系到的青少年不多。笔者询问具体原因，当地村民解释道："他们都跟着父母出去了，到上学的时候才会回来。"作为"洄游"青少年，他们虽然在乡村上学，但是由于他们很早就接触了互联网，甚至他们中的多数拥有自己的手机或者同祖辈共用手机以备父母的遥距母职（Remote Mothering）。同样因为他们的"洄游"特性，使得都市的娱乐方式和生活方式在他们的生活中打上了深深的烙印。通过访谈，笔者得知平日在村中他们的日常娱乐方式就是电视和手机，假期在城市居住的生活里，除了偶尔被父母带去游乐场游玩，大部分时候也是出于安全的考虑被父母留在出租屋中玩手机，这也影响了他们的社交方式。村中一个名叫JX（14岁，男，初二）的中学生在被问到"为什么不出去找朋友玩"的时候，回答说：

> 我们同学都不在这一块了，有的住很远，距离这里一个半小时（步行）路程，有的跟父母出去了。周围的朋友的话，也就小时候一起玩过的熟一些，就是两三个人罢了，没什么好出去的。

平日两点一线的家校生活加上假期"洄游"的生活方式，让这群青少年与村中的公共空间产生了特殊的互动方式，乡村空间的社交可供性不能够满足这个群体的社交需求。他们开始主动地与村中的社交空间脱嵌，回避参加各类社交活动，表现出对于公共活动的疏离和排斥，同时借助新的通信技术重新在网络世界构建新的社交空间，完成社交实践。

三、线上空间：建立社交可供性及青少年的主动嵌入

与青少年线下空间脱嵌紧密联系在一起的是青少年在线上空间中的活跃参与。南希在《交往在云端——数字时代的人际关系》中提出以数字通信技术为

媒介的中介化交往是当下青少年重要的交往方式，同时也是一种新颖、兼容的混合交往方式，而不仅仅是具身（embodied）交流的缩减版本。并且中介化的技术提供了以交互性、时间结构、社交线索、存储、可复制性、可及性以及移动性为特点的可供性。[①] 无疑这种技术可供性对于青少年来说是具有吸引力的，也是符合当下社会“流动”和“链接”的特征。具体分析杨溪村青少年线上空间的社交可供性，主要可以从社交可及性以及匿名性来观察和讨论。

（一）可及性的空间：打破时空限制构建群体交往的基础

南希讨论了线上空间的可及性，在她看来，可及性是理解互联网空间的重要概念之一，其核心含义是线上空间具有打破时空限制建立群体联系的潜力。[②] 在杨溪村的田野观察当中，J 奶奶（60 多岁，没上过学）的女儿外出打工之后，便留下了一部手机给刚刚上小学的小儿子并且每天通过微信语音的方式跟孩子交流日常学习和生活的情况。虽然相距千里，但是母亲通过手机能够与孩子保持定期的交流并进行联系。线上空间由此为空间上分离但是情感上亲密的群体提供了新的交往空间。

另外，乡村青少年同样通过线上空间的可及性满足了自身对于外部世界的好奇心和想象。YWQ（18 岁，女，高三毕业）提到她经常跟着同学一起在 SOUL[③] 上和陌生人“瞎聊”，以满足自己困在学校但是对于外部世界和人充满好奇的心理。她说：

① ［美］南希 · K. 拜厄姆：《交往在云端——数字时代的人际关系》，董晨宇、唐悦哲译，北京，中国人民大学出版社，2020。

② ［美］南希 · K. 拜厄姆：《交往在云端——数字时代的人际关系》，董晨宇、唐悦哲译，北京，中国人民大学出版社，2020。

③ SOUL 是一款基于兴趣图谱和游戏化玩法的陌生人社交软件，属于新一代年轻人的虚拟社交网络。SOUL 这款软件致力于打造一个“年轻人的社交元宇宙”，最终愿景是“让天下没有孤独的人”。在 SOUL 软件中，因为交往双方为匿名的陌生人，用户可以无顾虑地表达自己，认知他人，探索世界，交流兴趣和观点，获得精神共鸣和认同感，在交流中获取信息，并获得有质量的新关系。

（在 SOUL 上）就随便聊聊的话，就看标签去找人聊天儿。能接触到很多平时接触不到的人，像是一些律师什么的也有，很有意思。平时生活的圈子都太无聊了！

YWQ 虽然使用了 SOUL 这款社交 APP，但是她的初衷却是希望通过与陌生人的社交了解外面的世界。她的这种想法其实也与她的成长经历联系在一起。在接触电影、电视和短视频等媒体之后，她对于外面的世界充满了好奇，也对电视剧中呈现的城市生活充满向往。但作为在乡村长大的孩子，她从来没有离开过怀化市，家里也没有足够的财力供她外出旅游。因此，YWQ 转而选择通过互联网去接触和了解那些“外面的人”，去听他们讲“外面的世界”。线上空间由此成为她打破时空限制与更多元化的群体建立联系的重要方式。

（二）匿名化的空间：摆脱舆论压力展现主体性文化认同

除了可及性之外，线上空间匿名化的特征也为青少年表达情感、建立群体性身份认同提供了便利。中国社会中基于乡村物理空间的人际关系通常发生在“熟人社会”的框架内，这里的人们彼此熟识了解，身份与行为之间的匹配关系被锁定。“青少年”成为一个文化概念，而非年龄层概念[①]，其所背负的社会身份要求其必须专注于学习，积极上进并光耀门楣。而青少年的相关行为历来被认为需要约束、管教、监控，否则就会制造麻烦，因此任何会干扰他们的核心任务——学习的行为都会被看做是失当的而被阻止。

田野中 J 妈妈（40 多岁，初中文化）反复和笔者说“小孩子玩手机主要是自制力不够，所以不能玩”。线上空间被看做是容易成瘾的、需要孩子自身有强大的自制力。而当笔者继续与 J 妈妈聊到她自己对于手机的使用时，J 妈妈淡笑着说道：“其实我们（成年人）也会刷抖音刷上瘾啊，但是我们有事情要做所

① 姬广绪：《制造成瘾——青少年网络成瘾的人类学考察》，载《思想战线》，2019（6）。

以不能一直玩。那小孩子放假就管不住自己了。”在杨溪村的访谈中，所有家长都对孩子玩手机保持消极的态度，认为玩手机会让他们管不住自己，也会影响到学习。虽然部分老人只会使用老年机，但是他们同样把手机当做是在日常劳作之外的必须控制时间的娱乐设备。

而与家长们的担忧形成悖论的是，村中多数的青少年不但没有因为家长的担心而主动减少网络使用，反而体现出甚至比城市的青少年更加娴熟的网络素养和能力，这当然也包括逃避监管的能力。对于村里的年轻人来说，数字媒体所促成的交流是匿名化的，个人的文化身份与行为伦理之间的关系被剥离，也就不存在行为的失范顾虑，他们可以从中体验更加无束缚的社交快感，因为所有的行为实践无法回溯到个人，个人之间是透过网络技术偶然聚集的。因此在网络世界中的年轻人体会到一种同之前的基于文化身份的社会交往完全不同的、新鲜的匿名性工具交往，这种交往旨在陌生人中制造附近感和认同感。

游戏是杨溪村青少年线上交往的重要媒介，他们通过一起玩游戏的“规则”建构了自身的主体性，游戏成为他们与其他人建立关系的信任基础。访谈对象JX说：

你不玩游戏都没有人跟你玩，但是也有一部分原因是大家都在家里玩手机叫也叫不出去。

作为一名初中从外地转学过来的学生，JX并不熟悉当地的方言，在两年的时间里通过游戏活动逐渐融入了班级和村里，拥有极好的“人缘”。他说自己当时不懂村里的方言，只有通过游戏才能融入现在同学的圈子，和小时候在村里玩的情况很不一样。游戏以及相关的共同话题让他们之间的关系迅速被拉近。

在当地乡村青少年的社交圈子当中，游戏成为展开社交的信任基础。他们愿意跟陪他们一起玩游戏的老师交流心事，却会对不懂游戏的老师以及家长沉默以待。“他们（不玩游戏的人）什么都不懂”是他们常见的口头禅，也是青少年将自身与他人区分开的重要标志之一。在接驳船上消磨时间的时候，一起玩《王者荣耀》和《和平精英》的青少年都挤在一块儿进行交谈和玩笑，而不玩游戏的同龄人则在一旁很难加入他们。对于他们来说，会不会玩游戏已经成为他们是否愿意将其纳入社交圈的重要原因之一。

在通过游戏进行社交的过程中，青少年一方面弥补了难以实现线下社交的缺憾，通过互联网取得了和线下朋友之间的联系，另一方面也从陌生网友那里获得了情感上的支持。而这些联系一定程度上成为他们进一步获得社会资源的渠道。访谈对象 CTH（16 岁，男，初三到高中）便提到他认识的一位网友带着他一起读心理学相关的书籍，激起了他的学习兴趣。其他同龄的在线上交往的同学朋友也成为他们进一步人生规划、了解各类学校信息的重要渠道。“你总是需要和他们（出去的人）有一些共同聊天儿话题，（游戏）就是一个”，CTH 这样解释道。

此外，基于匿名性的情感社交也是杨溪村青少年的重要线上关系实践。在田野调查中，一名初中 2 年级的女生说她们班一共有 38 名同学，而她知道至少有四分之一的同学都有程度不同的线上交友和情感社交，这些都被她称为“网恋”。在这里笔者需要说明的是，调查对象口中的“网恋”更恰当地应该被称为情感社交，是一种基于好奇、孤独而产生的对陌生人的一种情感倾诉行为，这种交往的基础并不是局限于青年男女之间的互相吸引，而多数的行为也仅仅止步于线上聊天儿和情感交流。访谈对象 DWZ（14 岁，女，初中）的父母都远在沅陵打工，平日里爷爷奶奶会陪她和弟弟在学校附近的出租房生活。她说自己的手机是父母买给她的，方便联系，但是她很少会打电话给父母，自从学会了上网便开始在网上找朋友“网恋”，她说自己有很多“网恋”的对象，有山东、河南、四川好几个地方的，但是她的每段和虚拟世界男友交往的时间都不超过一个月，最短的只有 7 天。她说：

老师说现实中不准谈（恋爱），网上的就管不了了。

似乎学校对于学生的监管也止步于网络世界，DWZ也感觉网恋会给自己避免很多麻烦，起码不会被村里人和家里人干涉和阻挠。她说她和现在的网恋对象是通过游戏认识的，每天她都会等到对方下班了一起玩游戏，通常后半夜1点钟男朋友才会打电话来和自己聊聊天儿，再打一会儿游戏。虽说两个人之间的交往更多的是打游戏和视频聊天儿，也从未见过面，但是这对于DWZ来说已经心满意足，因为她需要在网络世界中寻找一种基于共感的情感交流，而这种交往更加功利，也更加简单，无关责任也无关未来，因此这种“用完即走”的社交方式备受今天年轻人的推崇。

杨溪村的青少年多数处于留守或者半留守的状态，有的和隔辈祖父母一起生活，有的和父母中的一方在一起生活，然而因为迫于生计，父母和祖辈们都忙于奔波赚钱，疏于管理他们青春期的情感波动。而村中重要的人际交往空间对于年轻人来说又不具备可供性，因此他们的情感交流的需求被抑制。互联网提供了替代性的解决方案，基于陌生人的无负担的交往空间提供了理想的社交可供性，年轻人纷纷投奔网络世界，模仿大人的样子开始社会化的进程，在游戏世界和虚拟人际互动中学习规则、分配公平以及互惠，获得身份的自我认定和他者的认同。

四、重新认识个体化时代乡村公共空间

可供性是由生物学家提出的用来讨论生物与环境之间关系的学术概念，强调无论好坏，环境能够提供给生物的所有属性和功能。可供性概念最大的优点是摆脱了以往研究中单方向的决定论，注重主客体之间的互动和感知。即环境

能够提供给人的不仅仅是同一的物质属性，对于不同的人来说对于环境的感知和利用是完全不同的，这是一种更加接近人类学中所强调的文化相对性的理念。从杨溪村的个案来看，通过可供性的视角我们发现，代际社交行为在空间参与中发生了分化，不同年龄层的群体对于乡村公共空间的感知和利用存在着巨大的差异，由此带来了乡村空间社交可供性的差异问题，从中也可以反思乡村振兴过程中中国乡村空间营造中的主体性问题。以往的研究对于乡村空间营造中的“主体”更多地被视为同质的、刻板化集体肖像，忽视了乡村主体本身也存在着相当大的差异。相比于村中的成年人，青少年往往被动和主动地从公共空间中脱嵌，转而将社交线上化，体现出乡村中的公共空间在提供社交可供性方面的分化。公共空间一直以来就存在多个层次并充满了各种竞争以及可见或不可见的种种阻碍。因此关于乡村公共空间的参与和营造需要从不同的主体间性上进行思考：对于青少年来说数字空间越发成为其文化参与和实践的原生空间，乡村的实体空间对于青少年来说越来越不构成有吸引力的实践场域。同时因为青少年的生活节奏和具身实践与现有乡村的实体空间配置存在脱节，上述的因素导致了青少年对于乡村公共空间缺乏归属感，同时影响了他们进入这一传统空间领域的能力和意愿。乡村社会的“原子化”和“个体化”转向是全球化和都市化的必然结果，新的社会结构挑战了传统乡村既有的社会秩序，影响了传统地方社会“公共性”的延续。然而现代乡村如何顺应这个趋势复兴进而振兴，也是新的“公共性”需要思考的。当前以杨溪村为代表的中国广大乡村都面临着人口结构失衡的问题，把流出的人口拉回到土地上并不切实际，反而是如何能够在现有的人口结构和技术机会基础上，针对差异化群体积极营造更加开放包容的公共空间，避免“千村一面”，营造更加具有主体获得感的乡村风貌可能会成为破解当下乡村振兴过程中空间营造痛点的有益思路。

结　语

沅水是洞庭湖水系的四大河流之一，该流域东起南岭走廊，西接云贵高原，是长江中下游以及中原人群、文化进入西南的必经之道，自然生态和地理区位孕育了独特的社会文化风貌。瓦乡人世居在湖南沅水流域以及周边的湘西部分地区，是屯卫遗裔、商贸移民、苗瑶民族混杂而成的族群，长时间过着流动移居的生活。本书将沅江流经的沅陵县盘古乡杨溪村作为田野调查点，是因为该村有“瓦乡文化核心村”之称。书中各章节分别聚焦村落社会组织、生计方式、地方风俗、基础设施、交通发展、生态文化、科技下乡、人口流动、留守儿童、互联网运用等方面，对杨溪村做了整体性的考察。透过民族志的书写，至少可以得到以下几方面的结论。

第一，本书从流域变迁的视角出发，历时性地呈现新中国成立以来生态建设、环境变迁、交通发展等对当地社会和村民日常生活产生的影响。我们可以看到沅水流域一个传统村落的快速变迁，人—地—水之间的互动关系是动态发展的。大江大河是中华文明的重要起源地，人类与流域形成紧密相连、休戚与共的生存共同体。沅江作为长江八大支流之一，腹地广阔，随着时代的发展，人们曾经围绕流域展开的生产生活、出行交通、社会交往和思想观念等都发生了深刻变化。

沅水流域内山峦起伏，沟壑纵横，直至新中国成立前都还是以水路为主，陆路为辅，流域依赖性极强。坐落在沅水边上的杨溪村天然具有航运的条件，其村落布局、人群分布和生产生活方式都被河流所塑造。公路、杨溪大桥等的修建，使原本被溪河所阻隔的曹中坪与杨溪口相互连通，因水而兴的舒溪口和丑溪口集市逐渐衰落，村民可以直接前往筲箕湾镇乃至泸溪县城、沅陵县城，过去区域自然村、中心村和城镇的关系由“串联式”结构转变为“并联式”结构，村民的日常生活与更广阔的世界产生联系。村民的生计方式几经变迁。村民世代以土地耕作为生，兼有一些造船业。20 世纪八九十年代五强溪水库关闸蓄水后导致田地被淹，杨溪村作为重点淹没区，村民就近后靠，聚落形态较之前更为集中。国家先后实施的退耕还林、湿地保护、全面禁渔及人居环境整治政策更是彻底改变了人与流域自然生态的关系。村民失去田地后以捕鱼和外出务工谋生，2021 年初杨溪村响应国家恢复长江流域重点水域水生生物资源的号召全面禁渔。外出务工成为大多数村民的主要经济来源，村民脱离了祖祖辈辈赖以生存的土地和河流。当前，杨溪村外出务工人数约占劳动力总数的 73%，由传统的以农业经济为主转变为如今以“打工经济”为主。

第二，沅水流域作为多族群、多文化、多生计方式并存的地区，长期的交往交流交融造就了族群的语言共生与文化复合，为各民族人心归聚、精神相依提供了基础，成为中华民族多元一体格局的重要组成部分。瓦乡人的历史十分悠久，在历史文献中曾被称为“百濮群蛮”、“槃瓠蛮”（又名“盘瓠蛮”）、“五溪蛮”（又名“黔中蛮”和“武陵蛮”）、“苗瑶”、“苗”等，有着独特的文化特征。沅水流域内自古群雄割据、几经政权交替，百姓辗转漂泊，至明清沿江油料、木材贸易繁荣带来的人员往来流动，加之新中国成立后兴修水利后的水库移民，改革开放后农村劳动力转移，促成了该地区多元交融的移民文化。随着族群的迁徙与互动，瓦乡人逐渐和周边的族群在亲缘关系、民风民俗、居住空间、生产生活等诸多方面相互交融，难分你我，形成了彼此共生的和谐族群关系。以语言实践为例，当地族群迁徙和人口流动使多种语言在一定区域内相互影响，乡话与西南官话、当地其他汉语土语方言互鉴共生，形成了“你中有我、我中有你”的语言生态，使语言符号成为群体内部共享的知识，凝聚了共同体意志。

第三，杨溪村的个案可以反映我国在推进农业农村现代化事业取得的巨大成就，同时可以看到在全面推进乡村振兴、加快农业农村现代化、扎实推动共同富裕的道路上还面临着诸多挑战，如社会结构“空心化”、内生发展动力不足、公共服务城乡不均衡等。

沅水流域很大范围是我国中西部边远山区，经济总体发展水平较低，这一地区的发展关系到我国乡村振兴的总体大局。随着脱贫攻坚战的全面胜利和乡村振兴战略的推进，杨溪村公共基础设施建设进程加速，水利工程、电力、沼气、道路、网络通信等农业生产和农村生活基础设施得到质的提升，生活垃圾治理、污水处理、厕所改造等使人居环境得到极大改善，医疗卫生和教育等公共服务设施的完善也使人们相较过去有了更多不同的选择。近年来在国家政策支持下，科技下乡运动推动了农业农村现代化，在红土岭试行“基地＋农户”的经营模式，成立了杨溪村种养一体化合作社，种植葡萄、贡柚、蓝莓等，扶持发展生态养鱼，未来将扩大规模、丰富种类，继续发展村集体产业，同时也在探索借助自然条件和历史文化资源走农文旅融合的路子。沅水边上的瓦乡人无疑正走在通往农业强、农村美、农民富的康庄大道上。

在硬件升级的同时，加强软件建设、塑造基层公共秩序是乡村振兴“塑形”与“铸魂”并举的内在要求。村落共同体的变迁及秩序重建成为重要议题。传统村落是以血缘和地缘关系为纽带形成的社会单元，改革开放后家庭联产承包责任制的实行和市场经济体制的引入推动了地方社会转型。一方面，大量农民进入城镇务工，造成村落的“空心化”。留守的青少年以数字空间作为其文化参与和实践的空间，将社交线上化，对乡村公共空间缺乏归属感。另一方面，当前乡村建设通过不断再组织化并激活文化、生态、社会等资源，在生产、生活、生态之间实现政策、市场、共同体的良性运行。农村自治性组织不断发展，其在基层社会中所担负的角色也越来越重要。我国数量庞大的外出务工人员正在成为返乡入乡创业的主力军。通过返乡创业促进城乡融合和乡村全面振兴这一举措在实践上证明是具有生命力和创造力的。杨溪村一些能人返乡之后为村落带来了市场经济要素，将果园、酒店、鱼塘等经营得有声有色，建起了杨溪村第一家工厂，使该村成为盘古乡第一个拥有酒店的行政村……这些改变了农村生产要素匮乏的困境，带动了产业的转型升级，为当地提供了就业机会。

沅水汤汤，一往无前，杨溪村的故事还在继续。它的发展轨迹，不仅关乎一村一乡，也是沅水流域穿越古今、连接长江流域至西南、融入中华民族共同体的见证，还是中国式现代化进程中乡村振兴的鲜活样本。沅水流域是人类学民族学研究的沃土，未来的研究可以继续深入探讨沅水流域的经济开发史、文化习俗、民族交往交流交融及其与其他流域、走廊的联系等以及乡村振兴进程中的相关问题。

参考文献

一、著作

［1］陈晖．湖南泸溪梁家潭乡话研究．长沙：湖南师范大学出版社，2016.

［2］董鸿勋．古丈坪厅志．南京：江苏古籍出版社，2002.

［3］费孝通．乡土中国．北京：北京大学出版社，1998.

［4］费孝通．江村经济：中国农民的生活．北京：商务印书馆，2001.

［5］梁漱溟．乡村建设理论．上海：上海人民出版社，2006.

［6］［美］理查德·怀特．中间地带：大湖区的印第安人、帝国和共和国（1650—1815）．黄一川，译．北京：中信出版集团，2021.

［7］刘冰清，石甜．非苗非汉：湖南沅陵明中村的人类学考察．厦门：厦门大学出版社，2019.

［8］刘兴禄．愿傩回归——当代湘西用坪瓦乡人还傩愿重建研究．北京：中央民族大学出版社，2010.

［9］［美］米切尔·邓奈尔．人行道王国．马景超，王一凡，刘冉，译．上海：华东师范大学出版社，2019.

［10］明跃玲．边界的对话：漂泊在苗汉之间的瓦乡文化．哈尔滨：黑龙江人民出版社，2007.

［11］［美］南希·K. 拜厄姆．交往在云端——数字时代的人际关系．董晨宇，唐悦哲，译．北京：中国人民大学出版社，2020.

[12]沈海梅.中间地带——西南中国的社会性别、族性和认同.北京：商务印书馆，2012.

[13](元)脱脱，等.宋史（点校本）.长春：吉林人民出版社，1995.

[14][美]施坚雅.中国农村的市场和社会结构.史建云，徐秀丽，译.北京：中国社会科学出版社，1998.

[15][法]皮埃尔·布尔迪厄.言语意味着什么——语言交换的经济.褚思真，刘晖，译.北京：商务印书馆，2005.

[16]吴良镛.人居环境科学导论.北京：中国建筑工业出版社，2001.

[17]伍云姬，沈瑞清.湘西古丈瓦乡话调查报告.上海：上海教育出版社，2010.

[18][美]西奥多·C.贝斯特.邻里东京.国云丹，译.上海：上海译文出版社，2007.

[19]谢晓辉.制造边缘性：10—19世纪的湘西.北京：生活·读书·新知三联书店，2020.

[20]杨庭硕.苗防备览·风俗考研究.贵阳：贵州人民出版社，2010.

[21]杨蔚.湘西乡话语音研究.广州：广东人民出版社，2010.

[22]叶德书，向熙勤.中国土家语地名考订.北京：民族出版社，2001.

[23]于颜音.诗文掬珠.北京：中国文史出版社，2014.

[24]周大鸣.渴望生存——农民工流动的人类学考察.广州：中山大学出版社，2005.

[25]周大鸣，余成普.行政的边缘，文化的中心：湖南通道上岩坪寨田野调查报告.北京：民族出版社，2014.

[26]周大鸣，程瑜.边城民族志——一个湘渝黔边界的集镇调查.广州：中山大学出版社，2018.

[27]周永明.路学：道路、空间与文化.重庆：重庆大学出版社，2016.

[28] Keith H. Basso. *Wisdom Sits in Places: Landscape and Language Among the Western Apache* .Albuquerque. NM: University of New Mexico Press, 1996.

[29] McQuire, S. *Geomedia: Networked City and the Future of Public Space*. Cambridge: Polity Press, 2016.

二、期刊

[1] 鲍厚星，颜森 . 湖南方言的分区 . 方言，1986（4）.

[2] 曹大明，黄伯权 . 内地的边缘：武陵山区区域特征述论 . 北方民族大学学报，2014（6）.

[3] 曹海林 . 乡村社会变迁中的村落公共空间——以苏北窑村为例考察村庄秩序重构的一项经验研究 . 中国农村观察，2005（6）.

[4] 陈保亚 . 从语言接触看历史比较语言学 . 北京大学学报（哲学社会科学版），2006（2）.

[5] 董磊明 . 村庄公共空间的萎缩与拓展 . 江苏行政学院学报，2010（25）.

[6] 贺雪峰，胡宜 . 村庄研究的若干层面 . 中国农村观察，2004（3）.

[7] 黄敏 . 词与物：语言的乡愁 . 探索与争鸣，2018（9）.

[8] 姬广绪 . 制造成瘾——青少年网络成瘾的人类学考察 . 思想战线，2019（6）.

[9] 李国雷，刘勇，郭蓓等 . 我国飞播造林研究进展 . 世界林业研究，2006（6）.

[10] 刘勤，杨陈 . 畜圈、厕所与民俗信仰——基于四川汉源的调查 . 民间文化论坛，2018(3).

[11] 刘学坤 . “科技下乡”的现代性语境及其教育功用：功能主义的解释 . 求实，2012（8）.

[12] 罗美珍 . 论族群互动中的语言接触 . 语言研究，2000（3）.

[13] 明跃玲 . 民族识别与族群认同——以湘西红土溪村的民族识别过程为个案 . 云南社会科学，2008（2）.

[14] 明跃玲 . 族群认同与互动：兼论苗族瓦乡人的族群意识 . 湖北民族学院学报（哲学社会科学版），2006（3）.

[15] “农民流动与乡村发展”课题组 . 农民工回流与乡村发展——对山东省桓台县 10 村 737 名回乡农民工的调查 . 中国农村经济，1999（10）.

[16] 秦红增 . 乡村新网络专家：文化农民——科技下乡的人类学视野之四 . 广西民族学院学报（哲学社会科学版），2004（6）.

[17] 秦红增 . 乡村科技的推广与服务——科技下乡的人类学视野之一 . 广西民族学院学报（哲学社会科学版），2004（3）.

[18] 潘霁 . 地理媒介、生活实验艺术与市民对城市的权利 . 新闻记者，2017（1）.

[19] 潘忠党，刘于思 . 以何为“新”？“新媒体”话语中的权力陷阱与研究者的理论自省——潘忠党教授访谈录 . 新闻与传播评论，2017（1）.

[20] 瞿建慧 . 湘西汉语方言的历史 . 船山学刊，2010（2）.

[21] 宋靖野 .“公共空间”的社会诗学——茶馆与川南的乡村生活 . 社会学研究，2019（3）.

[22] 唐伟 . 科技下乡的社会基础——以 Y 省 J 村柑橘品种改造过程为例 . 南京农业大学学报（社会科学版），2021（1）.

[23] 王铭铭，舒瑜 . 跨越边界与范式——《文化复合性：西南的仪式、人物与交换》导论 . 云南民族大学学报（哲学社会科学版），2015（1）.

[24] 王春光，等 . 村民自治的社会基础和文化网络——对贵州省安顺市 J 村农村公共空间的社会学研究 . 浙江学刊，2004（1）.

[25] 徐云龙，李文翎 . 中国乡村空间研究的知识脉络与进展——基于 Citespace 可视化分析 . 现代商贸工业，2021（31）.

[26] 杨荣金，李铁松 . 中国农村生活垃圾管理模式探讨——三级分化有效治理农村生活垃圾 . 环境科学与管理，2006（7）.

[27] 尹成杰 . 农业产业化经营与农业结构调整 . 中国农村经济，2001（5）.

[28] 于法稳 . 乡村振兴战略下农村人居环境整治 . 中国特色社会主义研究，2019（2）.

[29] 喻国明，赵睿 . 媒体可供性视角下“四全媒体”产业格局与增长空间 . 学术界，2019（7）.

[30] 张诚，刘祖云 . 乡村公共空间的公共性困境及其重塑 . 华中农业大学学报（社会科学版），2019（2）.

[31] 张慧鹏 . 中国农业是如何走上石油化工道路的？——农业生产方式转型的体制机制动力 . 开放时代，2016（3）.

[32] 张平淡，艾凤义 . 科技下乡服务的长效机制 . 科技管理研究，2007（12）.

[33] 张应强 . 通道与走廊：“湖南苗疆”的开发与人群互动 . 广西民族大学学报（哲学社会科学版），2014（3）.

[34] 张永家，侯自佳 . 关于“瓦乡人”的调查报告 . 吉首大学学报（社会科学版），1984（1）.

[35] 张志胜 . 多元共治：乡村振兴战略视域下的农村生态环境治理创新模式 . 重庆大学学报（社会科学版），2020（1）.

[36] 赵树凯 . 论农村生活方式的城市化 . 青年研究，1985（11）.

[37] 赵旭东 . 适应性、族群迁徙与现代的文化认同 . 广西民族大学学报，2012（3）.

[38] 郑杭生 . 农民市民化：当代中国社会学的重要研究主题 . 甘肃社会科学，2005（4）.

[39] 周大鸣 . 论族群与族群关系 . 广西民族学院学报（哲学社会科学版），

2001（2）.

［40］周大鸣．中国农民工研究三十年——从个人的探索谈起．中国农业大学学报（社会科学版），2017（6）.

［41］周大鸣．农村劳务输出与打工经济——以江西省为例．中南民族大学学报（人文社会科学版），2006（1）.

［42］周大鸣．互联网、快速交通与人类学研究转变．西北民族研究，2019（2）.

［43］周大鸣．道路研究的意义与途经．吉林师范大学学报（人文社会科学版），2019（4）.

［44］周大鸣，马露霞．青藏线上的城镇：路学视角下的县域实践．西南民族大学学报（人文社会科学版），2021（3）.

［45］周大鸣，李翠玲．垃圾场上的空间政治——以广州兴丰垃圾场为例．广西民族大学学报（哲学社会科学版），2007（5）.

［46］周尚意，龙君．乡村公共空间与乡村文化建设——以河北省唐山乡村公共空间为例．河北学刊，2003（2）.

［47］祝平燕，王芳．返乡相亲：新生代农民工的一种择偶形态——以豫东S村为例．中国青年研究，2013（9）.

［48］Nagy P. & Neff G. Imagined Affordance: Reconstructing a Keyword for Communication Theory . *Social Media + Society*, 2015, 2（2）.

三、学位论文

［1］刘林．乡村规划中村民主体性研究．徐州：中国矿业大学，2020.

［2］田光辉．瓦乡人传统文化当代变迁研究．武汉：中南民族大学，2016.

［3］王彦苏．区隔与认同：返乡农民工社会认同问题研究．长春：吉林大学，2019.

[4] 张云宝 . 故土难回：返乡新生代农民工边缘化现象研究 . 武汉：华中师范大学，2019.

[5] 周冰洋 . 返乡农民工规模化创业与乡村社会秩序的重建 . 武汉：华中师范大学，2017.

后 记

步声惊飞鸟
夏风送稻香
云霞绕山寨
薄雾洒江中
农翁田间作
老妇背篓行
问候瓦乡话
心满杨溪情

这是笔者离开杨溪村时写的一首诗，既表达了笔者对这片山、水、人的情感，也描述了笔者一个月的日常生活所见所闻。每天清晨都会沿着村落走一大圈，尤其是在江边的那一段路总是让人心旷神怡，看到江边的美景，见到田间忙碌的老翁和路上背着背篓打猪草的老妇；回到村中的主路上，用刚学的瓦乡话与两边的主人打招呼，然后回到住宿的地方把同学们叫起来吃饭，饭后开始各自的入户调查。

2021 年 7 月 15 日至 8 月 15 日，笔者利用人类学课程实习的机会，带队前往怀化市沅陵县盘古乡杨溪村进行了为期一个月的调研。这次调研参加的人员有中山大学 2018 和 2019 级的人类学专业本科生郝静玥、林长江、李萌、任璐涵、王娇、潘大恩、索娜拉姆、朱美倩、陈若晖；2020 级硕士生邓雨扬、王焕午、梁心铭；博士生刘重麟、肖明远。上述人员按照各自分工完成了调查报告的写作。初稿完成后，我们进行了统稿，帮助统稿的有钟雨梦、马露霞、肖明远、字荣耀。

在进行人体测量和语言调查时，主要集中在盘古乡的杨溪村、舒溪口村、董家坪村、安龙头村、荔溪口；同时也扩展到沅陵县盘古、麻溪铺、筲箕湾等乡镇部分村进行体质测量。在此对上述乡镇政府和村两委的支持表示感谢。在进行体质测量和分析时，多次得到李法军教授的指导，调查语言和分析时，也得到张振江教授的教益，特此表示感谢！

本书的完成，首先要感谢沅陵县委、县政府以及盘古乡党委和政府的支持。其次感谢县里提供文献资料的统战部、文旅局、交通局、政协、人大、文联、史志办、档案馆等单位。感谢盘古乡党委书记黄海生、盘古乡党政办主任全建胜等。

感谢吉首大学的副校长姜又春教授，他在怀化学院任教时帮忙安排了花垣县茶峒的调查和通道县独坡乡上岩村的调查，后来又合作组织了沅江流域的考察。此次调查，他也多方联系和帮助，使我们的实习顺利完成。同时要感谢沅陵县财政局张春文同志的安排与筹划，此次调研得以顺利成行离不开他前后协调联系，帮助同学们快速适应了当地的生活环境。感谢沅陵县文联主席刘昌林同志毫无保留地分享自己研究瓦乡文化的新见解。感谢杨溪村村支两委书记张卫国，驻村第一书记唐启勇、老村主任陈大斌、副主任陈光武、妇女主任田淑秀、村委委员杨玉珍等领导和同志的支持与关照。感谢杨溪酒店的易老板（易祖新）对我们一个月食宿的精心安排。最后感谢杨溪村、荔溪口村、舒溪口村村民无私的付出与帮助。

当然，挂一漏万，还有许许多多帮助过我们调查的朋友和乡亲们，在此一并感谢！

周大鸣

2023 年 10 月 22 日于昆明呈贡

图书在版编目（CIP）数据

沉水边上的瓦乡人：湖南沅陵瓦乡杨溪村民族志 / 周大鸣著 . -- 北京：民族出版社，2025. 2. -- ISBN 978-7-105-17479-9

Ⅰ. K280.64

中国国家版本馆 CIP 数据核字第 20253QF930 号

沅水边上的瓦乡人：
湖南沅陵瓦乡杨溪村民族志

策划编辑：李志荣
责任编辑：李志荣
封面设计：金　晔
出版发行：民族出版社
地　　址：北京市和平里北街 14 号
邮　　编：100013
电　　话：010-64271909（汉文编辑一室）
　　　　　010-64224782（发行部）
网　　址：http://www.mzpub.com
印　　刷：北京中石油彩色印刷有限责任公司
经　　销：各地新华书店
版　　次：2025 年 4 月第 1 版　2025 年 4 月北京第 1 次印刷
开　　本：787 毫米 ×1092 毫米　1/16
字　　数：220 千字
印　　张：15
定　　价：50.00 元
书　　号：978-7-105-17479-9/K · 2965（汉 1697）

该书若有印装质量问题，请与本社发行部联系退换